"생존조건에서 나는 전혀 자유롭지 못하다.

하지만 내가 그 조건에 대해 태도를 취할 수 있다는 점에서

나는 자유롭다."

〈죽음의 수용소에서〉 **빅터 프랭클 박사** viktor frankl

긴급상황 발생 시 내 몸을 지키는

여성 안전 매뉴얼 365

긴급상황 발생 시 내 몸을 지키는

여성 안전 매뉴얼365

권승연 · 조은원 지음

모아북스
MOABOOKS

우리 사회의 이슈인 교통, 미세먼지 등의 물리적, 환경적인 요소뿐만 아니라 디지털 성범죄 및 데이트폭력에 이르기까지 여성들이 맞닥뜨릴 수 있는 위험요인과 대처법을 총 망라하였으며, 한국사회에서 안전에 대한 인식이 비약적으로 성장하고 있는 현실에서 여성뿐만 아니라 모든 이들에게 길잡이가 되어줄 것이다.

권미혁 국회의원

흔히 여성은 사회적 약자이자 안전 취약 계층으로만 인식되지만, 이 책에서 강조하듯이 완벽한 안전권을 보장받아야 할 대상이며 가정과 사회에서 폭력 및 질병, 미세먼지, 바이러스, 자녀들 건강, 안전사고와 식품안전 등을 능동적으로 예방하고 대처 할 수 있는 안전관리 지침서로 추천합니다.

김병관 국회의원

여성의 역할이 커지는 시대에 여성의 안전을 위해 꼭 알고 실천해야 할 지식과 정보를 알기 쉽게 정리했으며 앞으로 우리 주변의 범죄 예방과 함께 사회적 질서를 구축하는데 모든 사람들이 꼭 읽어야 한다.

김종석 서정대학유아교육학과 교수, 방송인

우리의 어머니와 여성들은 국가와 사회로부터 보호받아야 한다. 현실은 전혀 늘 불안하며 여성만의 공간 안전존(zone)은 매우 협소하고 좁다. 좀 과장하자면 무서울 정도다. 지금까지 많은 안전 매뉴얼만으로 여성이 보호받아야 할 턱 없이 부족했다. 이제는 스스로 한발 더 나아가 여성안전을 위한 매뉴얼을 익히고 학습하는 의무와 책임이 따라야 한다. 그래서 '여성 안전 매뉴얼 365'는 필수서로 손색이 없으며 이 시대 안전보호 장비가 될 '여성 안전 매뉴얼 365'는 역할을 톡톡히 할 것으로 믿어 의심치 않는다.

김영민 환경데일리 편집인

여성 안전에 대한 불안감은 갈수록 그 수위가 높아져 가고 있습니다. 차별과 폭력으로 억압된 삶이 일상화되었던 불우했던 시대를 이제는 끝내야 하며 여성들이 인간다운 삶을 보장받고 건강하고 행복한 사회로 나아가야 합니다.

김선아 (사)여성과푸른나무 상임이사, 『따져 봅시다』 작가

　생활안팎에서 위기의 상황에 맞닥뜨렸을 때 당황하지 않고 현명하게 대처할 수 있는 방법을 알려주는 이 가이드는 저장된 지혜를 행동으로 순발력 있게 연결할 수 있도록 도와주는 요긴한 책이다. 성폭력, 가정폭력, 디지털 성범죄 등 안전을 위협하는 각종 폭력과 미세먼지와 건강, 안전사고와 금융사고에 이르기까지 여성과 가족의 안전을 책임질 필독서다.

유순희 부산여성신문 대표

여성 관련 범죄가 빈번하고 여성의 안전을 위협하는 사건사고가 끊이지 않는 시기에 꼭 필요한 정보를 담은 실용성 높은 가이드이다. 최근 급증하는 환경문제, 사이버 금융사고, 식품 안전 문제까지 다루고 있는 이 책은 여성 뿐 아니라 모든 국민이 알아야 할 내용을 담고 있다.

정재호 국회의원

집을 나서고 돌아올 때, 직장이나 공공장소, 해외여행에서 그 어디에서도 안전을 보장할 수 없다. 여성 혼자의 몸으로 스스로를 보호하기가 어려워지고 있는 이 시점에서 이 가이드북은 너무나 시의적절하다. 가까이 두고 반복 학습한다면 여성 자신의 안전을 지킬 수 있을 것을 확신한다.

정용준 약사, 자연애약국 대표

'엄마가 행복해야 가정이 행복하다' 는 말처럼 여성이 건강하고 안전해야 그 사회도 건강하고 안전하다. 여성이 꼭 알아야 할 안전 상식뿐만 아니라 상황별 대처요령까지 쉽게 볼 수 있는 유용한 매뉴얼이다.

조민경 연수구의회 의원

더 이상 모르고 당할 수만은 없다!

여성의 안전이 위협받고 있는 시대!
어떻게 대처할 것인가?

여성의 사회 진출이 늘고 여성만의 능력과 장점을 발휘할 수 있는 시대가 되어가고 있다. 그러나 우리나라의 성평등 지수는 여전히 전 세계에서 하위권에 속하고, OECD 국가들 중에서도 최하위권에 속한다는 다양한 조사 결과가 매년 보도되고 있다.

특히 근래 몇 년 간 여성을 대상으로 한 혐오범죄, 미투 운동, 결혼과 출산 후의 경력 단절, 유사 이래 가장 큰 폭으로 하락하고 있는 출산률 등이 사회적인 이슈가 되면서 '과연 우리 사회가 여성이 살아가기에, 그리고 여성으로서 아이를 낳고 가정을 꾸리며 살아가기에 안전한 곳인가?'에 대한 의문이 남는다.

사회 고위층의 성매매와 성접대부터 유명 연예인들 '몰카' 사건 및 다양한 수법의 성범죄에 이르기까지, 여성을 동등한 인격체이자 사회 구성원으로 보기보다는 성상품화하고 증오하는 남성의 인식은 사회

전반의 안전망을 약화하고 선진국으로의 발전을 저해하는 요소로 꼽히고 있다.

그렇다면 이 시대에 여성으로서 할 수 있는 일은 무엇인가? 가정주부부터 싱글 여성에 이르기까지 여성이 자신의 안전을 지키고 자녀와 가족을 올바로 보호하기 위해서는 무엇을 숙지해야 하는가?

이 책은 바로 이러한 질문에 필요한 정보를 제공하기 위해 쓰여졌다.

여성으로서의 안전인식 & 어머니로서의 사회인식이 중요

이 책의 취지는 오늘날을 살아가는 여성으로서 일상생활에서 꼭 알아두어야 할 각 분야의 실용 정보를 숙지하는 데 있다. 그렇다면 여성으로서 알아두어야 할 정보란 무엇인가?

첫째, 여성 스스로 어떻게 자신의 신변의 안전을 지킬 것인가 하는 점이다.

오늘날 1인 가구가 늘면서 혼자 사는 여성 인구가 급증함에 따라 여성의 안전을 위협하는 범죄도 늘고 있다. 혼자 사는 여성 인구는 미혼의 젊은 층도 물론 많지만, 통계에 의하면 사별이나 이혼, 만혼 등 다양한 이유에 의해 독신 생활을 하는 중년층과 노년층 1인 가구의 비율도 증가하고 있는 것으로 알려져 있다.

즉, 전 연령층을 막론하고 여성 스스로 안전에 대한 인식을 높이고 만일의 위험 사태에 대비할 자구책을 마련해야 한다는 것이다. 물론 이를 위해서는 각 분야의 규정과 범죄를 예방하고 처벌하는 법제도가 시대에 맞게 개선되고 수정되는 사회적 합의가 뒷받침되어야 할 것이다.

둘째, 한 가정의 일원이자 부모로서 자녀의 안전과 건강을 어떻게 케어하고 관리할 것인가 하는 점이다.

여성의 안전 인식과 정보망이 중요한 이유는 실질적으로 가정의 안전을 도모하고 자녀를 관리하는 데 여성이 차지하는 비중이 매우 크기 때문이다. 아이들이 건강하고 안전하게 성장하기 위해서는 당연히 어머니와 아버지의 역할 분담이 필요하지만, 여성으로서 반드시 염두에 두어야 할 지식과 정보가 존재할 것이며 이 지식 정보가 여성의 삶에 중요한 역할을 할 것이다.

혼자 사는 여성부터 아이를 키우는 여성까지
여성이 안전해야 그 사회가 안전하다

위와 같은 취지하에 이 책은 다음과 같은 내용으로 구성되어 있다.

1장 기억하세요
2장 여성 대상 범죄와 안전 대처법

1장과 2장에서는 모든 여성들이 사회에서 겪을 수 있는 위험한 사건사고, 즉 성범죄부터 가정폭력에 이르기까지 여성이라는 이유만으로 신변의 위협에 관한 사고를 겪었을 때 어떻게 대처해야 하고 평소 어떤 정보를 알아두어야 하는지를 정보 위주로 꼽았다.

3장 여성이 꼭 알아두어야 할 질병과 예방 · 대처법

4장 미세먼지와 여성 건강

5장 바이러스 대처법

3장과 4장, 5장에서는 안전보다 더 근본적인 여성의 건강과 질병에 대해 정리했다. 남녀 공통적으로 예방해야 할 질병 외에 여성이 특히 더 취약하고 조심해야 할 20가지 질병을 알아보고, 여성 자신 그리고 자녀들의 건강을 위협할 수 있는 7가지 유행 바이러스에 대해 총망라했다.

6장. 자녀들의 건강 관리

7장. 어린이집 안전사고와 대처법

8장. 식품안전

6장부터 8장까지는 개인으로서의 여성뿐만 아니라 자녀를 키우는 어머니라면 누구나 알아두어야 할 안전과 건강상식을 다루었다. 최근 어린이집 교사나 보육 돌봄이에 의한 아동 학대사건이 사회적 공분을 자아내는 가운데, 맞벌이가 급증하고 있는 사회에서 자녀의 안전을 위협하는 요소들에 대해 미리 정보를 알아두어야 할 것이다. 또한 자녀와 가족의 건강한 성장을 위해 반드시 기억해야 할 안전 및 건강상식을 정리했다.

9장. 사이버 금융 관련사고 대처법

요즘 사회문제가 되고 나날이 수법이 악랄해져가고 있는 금융 관련 긴급상황 시의 대처요령에 대하여 실제 금융소비자보호처에서 제공하고 있는 필수 정보를 제시했다. 나아가 각종 사건사고나 범죄 발생 시 여성이 혼자 힘으로 법적 소송을 진행하려면 기본적으로 무엇을 알고 시작해야 하는지를 소개했다.

　여성의 안전은 곧 가족의 안전이자 자라나는 자녀들의 안전, 그리고 나아가 국가의 안전과 발전을 가늠하는 지표이기도 하다. 모쪼록 우리 사회의 여성들과 앞으로 자라날 자녀들이 보다 안전한 사회에서 살아갈 수 있기를 희망한다.

권승연 · 조은원

| 차례 |

Part 3 여성이 꼭 알아두어야 할 질병과 예방 · 대처법

여성이라면 반드시 주의 · 예방해야 하는 20가지 질병 · 74

Part 4 미세먼지와 여성 건강

Part 5 바이러스 대처법

Part 6 자녀들의 건강 관리

Part 7 어린이집 안전사고와 대처법

기억하세요

1. 위기상황 긴급 연락처

범죄 신고(경찰청) : 112

간첩 신고(경찰청) : 113

간첩 신고(국가정보원) : 111

화재, 구조, 구급, 재난 신고, 응급의료, 병원 정보(119안전신고센터) : 119

마약, 범죄종합 신고(검찰청) : 1301

사이버 테러(한국인터넷진흥원) : 118

밀수 사범 신고(관세청) : 125

해양 긴급 신고(행정안전부) : 122

감염병 신고 및 질병정보(보건복지부 질병관리본부) : 1339

법률상담 신고(대한법률구조공단) : 132

인권침해 상담(국가인권위원회) : 1331

금융민원상담(금융감독원) : 1332

개인정보 침해 상담(한국인터넷진흥원) : 118

불량식품 신고(식품의약품안전처) : 1399

한부모 상담, 양육비 이행 지원(여성가족부) : 1644-6621

범죄 피해자 지원콜(대검찰청) : 1577-2584

실종 아동 찾기(경찰청) : 182

실종아동 찾기(실종 아동 전문기관) : 02-777-0182

아동 성폭력 피해자 상담, 치료, 법률 지원, 온라인 신고(해바라기아동센터) : 02-3274-1375

가정폭력, 성폭력, 성매매 긴급 상담(한국여성인권진흥원) : 1366

성폭력, 성매매, 학교, 가정폭력 상담 신고(아동,여성,장애인 경찰지원센터) : 117

가정폭력, 성폭력, 부부갈등(한국여성상담센터) : 02-953-2017

여성인권, 가정폭력, 성평등(한국여성의 전화) : 02-2263-6464

취업 상담, 교육, 사회문화생활 사업 지원(여성인력개발센터) : 02-318-5880

여성 일자리 상담(여성가족부) : 1544-1199

2. 정부의 안전관리시스템

재난안전관리본부 기구도 (행정안전부)

재난안전관리본부

상황총괄담당관
상황담당관 — **중앙재난안전상황실** — 안전감찰담당관
서울상황센터

안전정책실	**재난관리실**	**재난협력실**	
안전관리정책관	재난관리정책관	재난협력정책관	**비상대비정책국**
안전기획과	재난관리정책과	재난협력정책과	비상대비기획과
안전제도과	지진방재정책과	재난안전점검과	비상대비지원과
안전사업조정과	지진방재관리과	재난안전조사과	비상대비훈련과
재난안전산업과	재난정보통신과	재난안전연구개발과	
생활안전정책관	재난대응정책관	사회재난대응정책관	민방위심의관
안전개선과	재난대응정책과	사회재난대응정책과	민방위과
안전문화교육과	재난대응훈련과	산업교통재난대응과	위기관리지원과
승강기안전과	자연재난대응과	보건재난대응과	중앙민방위경보통제센터
예방안전정책관	기후재난대응과	환경재난대응과	
예방안전과	재난복구정책관	수습지원과	
재난경감과	복구지원과		
재난영향분석과	재난구호과		
	재난보험과		
	재난자원관리과		

3. 위기상황에 도움 되는 스마트폰 애플리케이션

■ **사건사고**

안전신문고

　행정안전부에서는 일상생활 주변에서 접하는 안전 취약 요인을 국민이 간편하게 신고하고 처리 결과를 확인할 수 있도록 스마트폰 앱과 인터넷 포털사이트로 운영. 교량, 건축물, 해양, 등의 국민안전 위해요소를 대상으로 신고가 가능하며, 신고된 내용은 국민신문고와 연계하여 처리됨.

　정부 대표 재난안전포털 앱으로 재난발생 시 또는 일상생활에서 필요한 다양한 재난안전 정보를 제공. 긴급재난문자, 재난뉴스 및 재난신고, 민방위대피소, 병의원 등 시설물 위치, 유형별 콘텐츠 등 다양한 정보를 하나의 앱으로 서비스. 지진 등 재난유형별 국민행동요령은 통신이 두절되어도 언제 어디서나 이용할 수 있음.

응급의료정보제공

보건복지부에서 제공하는 응급의료 관련 정보 앱

▶ 지도 중심으로 실시간 진료 가능한 병원 찾기

▶ 즐겨찾기로 자주 가는 병의원 및 약국 모아 보기

▶ 응급실 상황 한눈에 보기

▶ 야간/주말 진료 가능한 병원 찾기

▶ 현 위치 중심으로 내 주변 AED 찾기

▶ 명절 응급의료기관(휴일지킴이약국) 찾기

▶ 병의원 및 약국 관계자 의견 올리기

위기탈출 안전보건

각종 산업안전 보건자료 제공. 안전보건공단에서 제공하는 응급조치 상식 서비스. 심폐소생술, 지혈법, 질병 종류별 대처, 화재현장 탈출법, 화학물질 대처법 등 상식 제공.

① 사고포착 : 전국 실시간 산업재해 속보 제공

② 다국어회화 : 외국인 근로자와의 의사소통을 위한 13개국 1,300개 문장 제공

   (산업안전 관련 포함)

③ 응급처치 : 산업현장 및 일상생활의 안전을 위한 응급상황 대처법 제공

④ 안전점검 : 기계기구 및 작업별 산업안전 보건 점검 체크리스트 제공

   (별도 설치)

⑤ 안전보건교육자료 : 산업안전 재해 사례, 전자책, 동영상 등 안전 보건 자료 제공

⑥ 건강증진 : 나의 건강수준 평가, 중량물 취급 방법, 건강증진센터 안내 등 안전관리 필수 정보

⑦ 안전날씨 : 날씨 변화에 따른 산재 위험지수 등 안전관리에 도움이 되는 정보 실시간 제공

⑧ 건설업 기초안전보건교육 조회 : 건설업 기초 안전보건교육 이수 여부 및 교육기관 안내

⑨ 안전보건기술지침 : 15개 분야의 산업안전 관련 안전보건기술지침 조회

⑩ MSDS 요약 정보 : 산업안전 관련 물질안전보건자료 요약정보 검색

⑪ 나의 안전지수 : 심리검사 프로그램 및 개인별 및 그룹별 바이오리듬 제공

응급실 이용하는 법

1. 119센터에 반드시 신고 + 주변에 도움 요청해야 하는 경우

심한 출혈, 심한 화상, 경련, 호흡 곤란, 호흡 정지, 기도 폐쇄, 피를 토함, 심장마비, 신체 감각이상을 호소, 의식을 잃음, 분만, 약물 중독, 자살 기도

2. 119 신고할 때 제공하는 정보

위치, 주소, 전화번호, 환자 상태, 환자 수, 주변 상황

3. 응급실 방문 전 챙기면 도움되는 것

- 평소 복용 약물(약 이름, 약봉지, 최근 복용 시간과 간격 등)
- 토한 경우 토사물

4. 대형병원 아닌 중소병원 응급실 이용해도 무방한 경우

골절 혹은 피부가 찢어진 부위를 봉합해야 하는 경우, 덜 붐비는 중소병원 응급실에서 재빨리 1차 처치를 받은 후 대형병원이나 전문병원에서 2차 처치를 받아도 된다.

5. 영유아가 갑자기 아플 때

- 생후 6개월 이내의 아기의 체온이 섭씨 38도, 생후 6개월 이상 아기의 체온이 섭씨 39도 이상일 때, 열이 내리지 않을 때, 아이가 축 처져 있을 때, 섭취하면 안 되는 것을 삼킨 경우 즉시 응급실로 가되, 집 주변의 소아 전문 응급실이나 야간 진료 병원을 미리 알아두면 도움이 된다.

〈야간에 어린이가 아플 때 → 달빛어린이병원〉

2014년 9월부터 운영한 소아 전문 병원이다. 주중에는 저녁 6~11시, 주말과 공휴

일에는 오전 9시~밤 12시까지 소아청소년과 전문의가 교대로 진료한다. 심야시간
대에 소아 단순질환(고열, 감기증상 등)이 있을 때 소아청소년과 전문의에게 진료 받
을 수 있다는 장점이 있다.

6. 응급실에서 6시간 이상 치료

예전에는 응급실에서 6시간 이상 치료 받을 경우 입원으로 처리되고 본인부담률이
20%로 내려갔으나, 지금은 응급실에서 6시간 이상 치료 받아도 입원 처리되지 않
는다.

7. 응급대불제도

돈이 없어서 진료를 받지 못하는 상황을 방지하고자 만든 제도. 치료비를
내지 못한 경우 병원에서 대불신청서를 작성해 제출하면 건강보험공단에
추후 납부할 수 있다.
- 가능한 경우 : 호흡곤란, 의식저하, 소아경련, 개복술이 필요한 증상, 상처 봉합 등
- 적용 안 되는 경우 : 단순 복통, 몸살감기 등

근처 의료기관 찾기

→ 응급의료정보 애플리케이션 E-GEN

응급의료 사이트 E-GEN(http://e-gen.or.kr) 혹은 '응급의료정보제공' 애
플리케이션 활용. 다양한 의료 정보, 응급실 정보, 동네 의료기관 정보,
응급처치 방법, 자동심장충격기(AED) 설치 장소 등을 확인할 수 있다.

■ 해외여행 사고

해외안전여행

　외교부에서 제공하는 해외에서의 각종 사고 대응 서비스. 해외여행 시
도난, 강도, 질병, 사고, 테러, 재난 등 상황별 대응요령, 영사콜센터 등
비상연락처, 여행자 필수 정보 제공.

◦ **영사콜센터 - 24시간 연중무휴**

> 이용방법
> ・ 국내 : 02-3210-0404
> ・ 해외 : +82-2-3210-0404

◦ **외교부 '해외안전여행 어플리케이션' 활용**

> 여행경보제도, 위기상황별 대처매뉴얼, 동행, 좌충우돌 상황별 카툰, 대사관&총영사관 연락처

◦ 앱을 어떻게 설치하나요?

○ 국내·해외 이용 시 (유료)

 국내 02-3210-0404
해외 +82-2-3210-0404

| 0번 | 상담사 연결 | 1번 | 사건·사고 | 2번 | 외국어 통역서비스 |
| 3번 | 여권업무 | 4번 | 해외이주안내 | 5번 | 영사서비스업무 안내 |

※ 2번 외국어 통역서비스(1~6번 언어 선택) : ①영어 ②중국어 ③일본어 ④프랑스어 ⑤러시아어 ⑥스페인어

○ 해외 이용 시 (유료 또는 무료)

휴대폰 자동로밍일 경우

현지 입국과 동시에 자동으로 수신되는 영사콜센터 안내문자([외교부]해외 위급상황 시 영사콜센터(+82-2-3210-0404) 영, 일, 중, 불, 노, 서어 통역가능)에서 통화(📞) 버튼으로 연결 가능합니다. (유료)

유선전화, 휴대폰 이용할 경우

유료연결 : 현지국제전화코드 + 82-2-3210-0404

무료연결① : 현지국제전화코드 + 800-2100-0404 / + 800-2100-1304
무료연결② : 국제자동콜렉트콜(Auto Collect Call)
무료연결③ : 국가별 접속번호 + 5번

4. 여성안전에 꼭 필요한
스마트폰 애플리케이션 Best 4

① 112 긴급신고

납치 · 성범죄와 같은 위급한 범죄상황에서 112로 전화하여 신고하기 어려울 경우 신속하게 경찰에 신고할 수 있는 서비스. 위치서비스(GPS 등)을 켜두면 보다 정확하게 신고자의 위치를 파악할 수 있으며, 사용자 정보에는 정확한 내용을 입력해야 함.

② 안전드림 - 아동 · 여성 · 장애인 경찰지원센터

사회적 약자 대상 범죄에 대한 피해신고 접수와 신속한 구조 활동을 지원하기 위해 경찰청 아동 · 여성 · 장애인 경찰지원센터에서 제공하는 무료 애플리케이션. 실종 우려가 있는 자녀(가족)의 신상정보를 사전에 등록하여 신속한 대처 가능.

- 찾아주세요 182

실종아동(18세 미만 아동, 지적장애인, 치매 질환자)이 발생하거나 보호하고 있을 경우 신고 기능.

실종 우려가 있는 자녀(부모)의 신상정보를 미리 기기에 저장하여 실종 시 빠른 신고 가능.

- 도와주세요 117

성폭력, 학교폭력, 가정폭력 관련 신고 가능. 유해업소 신고 시 사진을
바로 찍어서 제보 가능. 신고 시 '현재 나의 위치' 전송 가능.

- 알림 서비스

실종경보가 발령된 실종아동 등을 조회하고 제보할 수 있는 기능. 성폭
력, 학교폭력·유해환경, 가정폭력 등과 관련한 각종 보도자료 제공.

- 안전지도 내 주변의 아동안전지킴이집, 보호시설 등 생활안전을 위한
위치정보 검색, 안전시설 위치정보 문자메세지(SMS) 전송 기능. GPS 기
능을 이용하여 현재 나의 위치에서 안전시설 검색 가능.

 * 공식 사이트 : http://www.safe182.go.kr

③ 여성 가족 안전콜

아이, 여성, 노약자가 위급한 상황에 처했을 때 지인에게 긴급히 도움

을 요청할 수 있음.

- 위급/긴급 호출

사용자가 위험을 느꼈을 때 언제 어디서든 위급/긴급 호출을 누르거나 휴대폰을 흔들어 사전에 등록한 지인에게 문자와 자동 전화 발신으로 나의 위급 상황을 알려줌.

- 사전 등록한 지인에게만 나의 위치와 상황이 전달되는 방식.
- 위급/긴급 호출버튼을 누르거나 휴대폰을 흔들어서 작동.
- GPS 사용을 동의하고, 내 위치를 감지하도록 하면 애플리케이션이 종료된 상태에서도 휴대폰을 흔들어 위급/긴급 호출을 할 수 있음.

- 여성에게 유용한 정보

'생리주기관리' , '가계부' , '전등(플래쉬)' , '호루라기' 등 다양한 여성전용 애플리케이션 정보와 '여성의 전화' , '해바라기 아동센터' 등의 웹사이트, '달님1004' 등의 카페에 연결되어 있어 적절한 순간에 꼭 필요한 정보를 찾아 도움 받을 수 있음.

- 여성에게 필요한 일자리, 안전, 돌봄의 정책들 소개

④ 서울시 안심이

위치 추적을 통해 서울시 시민들의 안전을 보호하기 위해 만든 서울시에서 제공하는 앱.

1) 귀갓길, 범죄 취약지역 등으로부터
   안전 서비스

2) 심야 귀갓길 등 위험 감지 시 앱에서 긴급 신고

3) CCTV 관제센터 상황판에 위치 추적

4) 긴급 신고 발생 시 가장 가까운 CCTV 위치
   자동 추적

5) 관제센터에서 긴급상황을 파악하여 담당
   경찰관에게 신속 전파하여, 출동이
   가능하도록 서비스 제공

안심귀가 서비스

스카우트서비스

환경설정

알 려 주 세 요

신종 도시범죄인 택배범죄, 어떻게 차단해야 할까

택배범죄의 종류와 그에 따른 예방법은 다음과 같은 두 가지 유형이 있다.

유형 1: 개인정보 유출로 인한 범죄

택배상자에 부착된 운송장에는 주소와 전화번호 같은 중요한 개인정보가 노출되어 있다. 요즘에는 수신인 이름과 전화번호 일부가 가려져 표기되거나 개인정보 표시 여부를 선택할 수 있는 경우도 있지만, 거주인 수, 구매물품과 내역, 집을 비우는 시간 등의 정보들이 범죄자의 표적이 될 수 있다.

운송장 제거하기

택배상자나 봉투를 버릴 때는 반드시 운송장 스티커를 완전히 제거하고 버린다. 주소 등 개인정보 및 구매내역이 유출되지 않도록 잘게 찢거나 파쇄한다.

유형 2 : 택배기사를 가장한 침입 범죄

택배 관련 범죄의 가장 위험한 유형으로, 택배기사나 음식 배달원 등을 가장하고 침입하는 범죄수법이다. 혼자 사는 여성의 경우는 물론이고 노약자와 어린이만 있는 틈을 이용해 범죄의 표적이 되는 경우도 많다.

1. 직접 수령하지 않기

부득이하게 자택에서 택배를 수령해야 하는 경우, 직접 받기보다는 문 앞에 놓아두고 가도록 한다. 택배기사가 완전히 떠난 후 물품을 들이는 것이 좋다.

2. 여성안심택배 이용하기

택배기사를 대면하지 않고 물품을 수령할 수 있는 방법으로 사설 무인택배함 이용하기, 수령처를 근처 편의점으로 설정하기, 여성안심택배 이용하기 등이 요즘 많이 사용되고 있다. 특히 서울시를 비롯한 각 지자체에서는 여성안심택배 서비스를 제공하고 있다. 집에서 가까운 여성안심택배 위치를 확인 후(서울시의 경우 서울시 홈페이지에서 확인 가능) 수령지 주소를 해당 위치로 지정하면 된다.

여성 대상 범죄와 안전 대처법

1. 성폭력 범죄

1) 성폭력 범죄란?

성폭력이란?

성폭력 범죄란 폭행·협박을 행사하여 피해자의 성적 자기결정권을 침해하는 경우(강간·강제추행), 피해자의 의사에 반해 신체 접촉을 하는 경우, 공중밀집장소에서의 추행, 음란성 언어 및 통신매체, 카메라 등을 사용하여 범죄를 일으키는 경우, 아동·청소년의 성을 사는 행위, 성매매 알선 등을 모두 포함한다.

> **- 성폭력 관련법**
> 성폭력방지 및 피해자보호 등에 관한 법률
> 성폭력범죄의 처벌 등에 관한 특례법
> 아동·청소년의 성보호에 관한 법률

성희롱이란?

법에서 정의하는 성희롱이란 업무, 고용, 그 밖의 관계에서 국가기관·

지방자치단체 또는 대통령령으로 정하는 공공단체(이하 '국가기관 등'이라 한다)의 종사자, 사용자 또는 근로자가 다음 각 목의 어느 하나에 해당하는 행위를 하는 경우를 말한다.

* 지위를 이용하거나 업무 등과 관련하여 성적 언동 또는 성적 요구 등으로 상대방에게 성적 굴욕감이나 혐오감을 느끼게 하는 행위
* 상대방이 성적 언동 또는 요구에 대한 불응을 이유로 불이익을 주거나 그에 따르는 것을 조건으로 이익 공여의 의사표시를 하는 행위

- 성희롱 관련법

양성평등기본법

남녀고용평등과 일 · 가정 양립 지원에 관한 법률

국가인권위원회법

2) 대처 요령

평상시 대비책

- 휴대폰에 112를 단축번호로 저장하고, 관련 앱을 다운받아 둔다.
- 타인의 불쾌한 성적 접촉 시 거부 의사를 강력하게 표한다.
- 모르는 사람이 주는 음료수나 음식을 절대 먹지 않는다.
- 심야 시간에 이어폰을 꽂고 천천히 걷지 않는다. 외부 기척을 듣지 못해 범죄의 표적이 될 수 있다.

- 호신용품(호루라기, 경보기, 스프레이 등)을 소지하고 다닌다. 단, 사용 요령이 미숙할 경우 오히려 피해를 키우거나 가해자의 도주를 도울 수 있으므로 사용법을 확실히 익혀둔다.
- 길에서 수상한 사람이 따라올 경우 사람 많은 큰길로 가거나 112에 신고한다.
- 문단속과 현관 잠금장치를 철저히 하고 방범창을 설치한다.
- 배달 및 방문 시(음식, 택배, 가스검침 등) 문 열기 전 각별히 주의한다.

혼자 택시 탈 때

- 앞 조수석보다 뒷좌석에 탄다.
- 차량번호와 차종을 확인하고 탑승 후 부모나 친구들에게 휴대폰으로 알려준다.
- 운전자가 택시면허증에 있는 사진과 동일인인지 확인한다.
- 지인과 통화를 계속하거나 통화를 하는 것처럼 보이게 한다.
- 합승은 절대 거부한다.
- 문 가까이 앉고 잠금장치가 열려 있는지 확인한다.
- 택시에서 잠들지 않는다.
- 목적지까지 가는 구체적인 길을 운전자에게 제시하고, 제시한 길에서 이유 없이 벗어날 경우 의심하고, 위험이 느껴질 경우 112로 신고한다.
- 개인용 및 영업용 택시에 들어가는 택시번호는 '아빠사자' (아, 바, 사, 자)임을 기억하고, 이외의 번호는 불법택시이므로 타지 않는다.

휴대폰과 SNS 이용하기

야간에 택시를 이용할 경우 출발과 도착 및 행선지를 가족이나 친구에게 실시간으로 알리고 계속 연락을 취하도록 한다. 또한 야간에 외부를 비롯한 여러 위기상황에 활용할 수 있도록 안전 관련 애플리케이션을 휴대폰에 미리 다운받아 바로 쓸 수 있도록 해두고 위험 시 112에 즉시 신고하는 등 휴대폰과 각종 SNS 수단을 최대한 활용하는 것도 예방요령이다.

이것만은 꼭 알아두자

성폭력이 발생했을 때 대응 요령

빨리 병원으로 + 사진을 찍으세요 + 안전한 장소

- 몸을 씻지 않은 상태로 가능한 한 빨리 산부인과에 가야 해요.
- 몸에 멍이나 상처가 있을 경우 사진을 찍어놓으세요.
- 자신을 지지해주고 도와줄 수 있는 사람을 찾아요.
- 혼자 있지 말고 친구집 등 안전한 장소로 피하세요.
- 성폭력 전문 상담기관에 도움을 청하세요.
- 감정을 가라앉히고 고소 여부를 상담소와 함께 상의하면서 결정하세요.
- 가해자와의 대화 내용 등 증거가 남을 만한 자료는 지우지 말고 갖고 있으세요.

(출처 : 한국여성인권진흥원)

- 큰소리로 도움을 청하거나 호신용품(호루라기, 경보기)을 사용한다.
- 휴대폰의 112 단축번호를 누르고 "여기 ○○인데 빨리 와주세요!" 라고 외친다. 실제 신고가 되지 않더라도 위치추적에 큰 도움이 되고 범죄를 포기하도록 하는 효과가 있다.
- 경찰서나 원스톱센터를 방문할 때에는 몸을 씻지 말고 피해 당시 입었던 속옷 및 옷차림 그대로 간다. 사건현장 청소도 하지 않는다.
- 곧바로 내방을 못했거나 옷을 갈아입었을 경우 피해 당시의 옷가지 등 증거물을 세탁하지 말고 종이봉투에 보관해 경찰에게 전달한다.
- 피해 직후 가해자의 신체적 특징 및 기억나는 모든 것을 상세하게 메모해둔다.

지하철 등 공중밀집장소에서 성추행을 당했을 때

- 버스, 지하철(대중교통수단), 공연이나 집회 등 인파가 많은 장소에서 불쾌한 신체 접촉을 해오거나 휴대폰 등으로 '몰카' 를 찍는 것을 발견했을 경우, 거부 의사를 확실하게 표시한다.
- 즉시 큰 소리로 "치한이야!" 라고 외쳐 주변에 알려 도움을 요청한다.
- 상대방의 인상착의를 확인하고, 지하철이라면 현재 지나고 있는 역명 및 열차번호(객실 출입문 혹은 통로 벽면 상단에 기재)를 확인한다.
- 열차번호, 가해자 인상착의 등을 112에 신고한다.
- 휴대폰 카메라 등으로 범행 현장의 사진을 찍는다.
- 역내에서 순찰을 하는 지하철수사대에 도움을 요청한다.

피해자 진술 시 확인하는 사항

- 범행 일시, 장소
- 가해자 인상착의(복장, 장신구, 안경, 문신, 억양, 말투, 몸과 머리의 털, 체취, 흉터, 마스크 착용 여부, 소지한 물건이나 흉기, 조명상태 등)
- 가해자와의 관계(최초 대면 상황, 과거 관계 등)
- 가해자의 행동(범행 현장에 어떻게 나타나고 사라졌는지, 현장에 가져온 물건이나 두고 간 물건, 가해자가 만지거나 움직인 것, 사진을 찍거나 비디오 촬영을 했는지 등)
- 가해자의 성적 행동(정상성교, 항문성교, 구강성교, 삽입 이외 성적 접촉 여부 등)
- 폭행·협박 여부, 폭행·협박의 정도와 상황(물리적 힘, 흉기, 자세, 항거 불능상태 여부 등)
- 피해자의 행동(구조요청 내지 탈출 시도 여부)
- 상해로 인한 상처 유무, 병원 진료 상황, 처벌 의사, 부가 진술

성폭력 피해자의 권리

- 변호인 선임권: 피해를 방어하고 법률적 조력을 보장하기 위하여 변호사를 선임할 수 있으며, 변호사가 없는 경우 국선변호인의 조력(무료)을 받을 수 있다.
- 신뢰관계인 동석: 심리적 안정을 위해 조사과정에 가족·변호사·상담원 등이 참석할 수 있다.(13세 미만 아동이나 장애인은 진술조력인 참여)

- 신분·사생활 비밀보장 : 진술조서에 이름·연령 등 인적사항의 기재를 생략할 수 있으며, 신원과 사생활의 비밀을 보호받을 수 있다.
- 재판과정에서 보호: 비공개 재판 신청, 피고인이 볼 수 없는 상태로 증언, 공판정에 출석하지 않고 비디오 등 중계 장치로 화상증언을 할 수 있다.
- 가해자로부터 정신적·신체적·경제적 보상을 받을 권리: 민사상 합의를 하더라도 가해자는 형사처벌(비친고죄)을 받게 된다.
- 신변보호 요청: 본인이나 친족 등이 보복을 당할 우려가 있는 경우에는 경찰서장에게 신변안전 조치(시설보호·신변경호 등)를 요청할 수 있다. 신변안전을 위해 위치확인장치 제공 및 보복 우려로 이사한 경우 이전비를 지원한다.

(신변호보 방법: 일정 기간 동안 특정시설에서 보호, 신변 경호, 참고인 또는 증인으로 출석·귀가 시 동행, 대상자의 주거에 대한 주기적 순찰 등)

알아둘 법률 상식

- 개정된(2013.6.19) 성폭력범죄 처벌 등에 관한 특례법 및 아동·청소년의 성보호에 관한 법률은 '모든 성폭력 범죄'에 대하여 피해자의 고소가 없어도 처벌이 가능하도록 변경되었다.
- 피해자를 조사할 때는 지구대 (남자)경찰관이 피해조서를 작성하지 않고, 가해자와 격리된 장소에서 여경 혹은 팀장(소장)이 상담 후 경찰서로 인계하여 성폭력 전담조사관이 피해자 조사를 실시해야 한다.
- 성폭력범죄의 처벌 등에 관한 특례법에 의해 '공중밀집장소에서의 추

행'은 1년 이하의 징역 또는 300만 원 이하의 벌금, '카메라 등을 이용한 촬영'은 5년 이하의 징역 또는 1,000만 원 이하의 벌금을 부과한다.

3) 조치기관 및 긴급 연락처

여성긴급전화 ☎1366

가정폭력·성폭력·성매매 등으로 긴급한 구조·보호 또는 상담을 필요로 하는 여성들을 위한 피해 상담. 365일 24시간 운영. 긴급 상담 및 서비스 연계(의료기관, 상담기관, 법률구조기관, 보호시설 등)

여성폭력 사이버 상담

가정폭력, 성폭력, 성매매 긴급 전화상담 및 보호 : 한국여성인권진흥원 1366
성폭력, 성매매, 학교, 가정폭력 상담·신고 : 아동·여성·장애인 경찰지원센터 117
가정폭력, 성폭력, 부부갈등 해결, 부부캠프 : 한국여성상담센터 02-953-2017
여성인권, 가정폭력, 성평등 운동 : 한국여성의전화 02-2263-6464

- 한국성폭력위기센터 www.rape119.or.kr ☎ 02-883-9284
- 해바라기아동센터 www.child1375.or.kr ☎ 02-3274-1375
- 한국여성민우회성폭력상담소 http://womenlink.or.kr ☎ 02-739-8858
- 한국성폭력상담소 www.sisters.or.kr ☎ 02-338-5801

우리 동네 성범죄자 확인하기

성범죄자 알림e

여성가족부에서 운영하는 '성범죄자 알림e 사이트(www.sexoffender.go.kr)'에서 법원으로부터 고지 · 공개 명령을 선고받은 성범죄자의 신상정보를 열람할 수 있다. 사이트에 접속하여 실명인증을 한 후 자신이 검색하고자 하는 지역을 설정하면 해당지역 내에 거주하는 성범죄자들의 명단, 이름, 나이, 주소, 실거주지, 사진 등을 확인할 수 있다. 또한 스마트폰의 '성범죄자 알림e' 애플리케이션을 통해서도 성범죄자 신상정보를 확인할 수 있다(2014년 하반기부터).

[이거 알아요?]

직장내 괴롭힘 방지법 2019년 7월 19일 시행

직장 내 괴롭힘 행위 주요 예시

· 업무 능력 · 성과를 인정 않고 조롱
· 훈련 · 승진 · 보상 · 일상적 대우 차별
· 꺼리는 업무를 반복적으로 부여
· 허드렛일만 시키거나 일에서 배제
· 특정 직원만 집중해서 지켜보기
· 정보 제공과 의사 결정에서 배제
· 휴가 · 병가 등을 쓰지 못하게 압력
· 사적 심부름 등을 반복적으로 지시
· 정당한 이유 없이 부서 이동 · 퇴사 강요
· 신체적인 위협 · 폭력 · 욕설 등
· 타인 앞이나 온라인에서 모욕 발언
· 음주 · 회식 강요하거나 집단 따돌림
*자료=고용노동부

2. 가정폭력

1) 가정폭력이란?

- 남편과 아내, 부모와 자녀, 형제자매 및 기타 동거가족을 포함한 가족구성원 중의 한사람이 다른 구성원에게 의도적으로 물리적인 힘을 사용하거나, 정신적인 학대를 통하여 고통을 주는 행위.

- **신체적 폭력**(폭행, 감금, 억압, 구속, 기물 파손 등), **정서적 폭력**(언어 학대, 욕설, 간섭과 의심 등), **성적 폭력**(부부강간, 미성녀자 간음 등), **경제적 폭력**(경제활동 통제, 경제적 방임 등)이 있다.

- 피해자는 주로 부인, 어린이와 청소년, 노인 등 약자이다.

- 가정폭력은 은폐적이며 장기적이고 반복적인 경우가 대부분이므로 주변과 외부에서 적극적으로 구출과 처벌 조치를 취해야 한다.

- 법에서 정의하는 가정폭력은?

'가정구성원 사이의 신체적, 정신적 또는 재산상 피해를 수반하는 행위'

가정폭력의 범위를 '신체적, 정신적, 또는 재산상 피해를 수반하는 행위'로 보고 있어 신체적 폭력에 국한하지 않고 정신적 학대와 재산상의 손해 및 손괴를 포함하는 포괄적인 폭력 개념을 인정하고 있다.

- 관련법

가정폭력방지 및 피해자보호 등에 관한 법률

가정폭력범죄의 처벌 등에 관한 특례법

가정폭력 피해자의 특징?

- 장기간에 걸쳐 반복적으로 폭력에 노출되었음
- 심각한 폭력을 감수하려고 하며 자기 책임이라고 느낌
- 주변에서 남의 집 가정사로 치부해 방치함
- 자녀에게도 폭력이 가해지고 세대 간 대물림의 양상을 보임
- 배우자, 자녀, 부모에 대한 폭력 등 폭력 관계가 중복됨
- 타인에게 비정상적인 적개심을 드러내거나 변명을 함
- 심한 공포와 불안감으로 독립심이 결여되어 있고 폭력 상황에서 빠져 나오려 하지 않음
- 자살충동이나 알코올중독 등이 있음

가정폭력 가해자의 특징

- 아내와 자녀를 통제하기 위한 도구로 폭력을 행사함
- 가족을 자신의 소유물로 여기고 폭력을 권력과 동일시함
- 자신의 규칙과 기준에 맞지 않으면 폭력을 행사함
- 밖에서는 분노를 숨기고 집에서는 분노를 표출함

가정폭력에 대한 오해 바로잡기

- 남의 집안일이다.
  → 정당화되고 지속화된 폭력은 어떤 경우라도 사회적 범죄이며 처벌
    대상이다.

- 이웃이나 타인이 개입하면 안 된다.
  → 당사자, 이웃 등 누구나 신고할 수 있다.

- 피해자에게 문제가 있다.
  → 피해자는 장기간 반복적인 폭력으로 인해 무기력과 자포자기에 빠
    진 상태이므로 주변 사람과 경찰이 적극 개입해야 한다.

- 피해자가 조사를 거부하거나 가해자 처벌을 원치 않으면 그만이다.
  → 피해자가 조사를 거부하더라도 경찰의 현장출입 및 조사권이 있으
    며 피해자의 안전을 확인해야 한다.

- 가해자는 전과자 등 흉악범이다.
→ 가해자의 90%가 전과가 없는 자로서 외부적으로 보기에 은폐되어 있다.

가정폭력의 법률 제대로 알기

- 가해자 및 피해자가 거부하더라도 출입, 조사할 수 있다.
- 2014년 1월부터 가정폭력방지 및 피해자보호 등에 관한 법률 제9조 등이 새로 개정되어 시행되면서, 가정폭력 발생 시 경찰의 현장출입 및 조사에 대한 권한이 강화되었다.
- 개정의 핵심은 가정폭력 초기대응력 강화이다.
- 가정폭력 신고가 접수되었을 경우 현장출동이 의무화되고 경찰의 현장조사 권리가 강화되었다.
- 경찰이 현장을 출입하거나 조사할 때 방해하면 500만 원 이하의 과태료를 부과할 수 있다.
- 경찰관이 출동했을 때 "집안일이니 돌아가라"고 하며 문을 열지 않거나, 겁에 질린 피해자가 조사를 거부하더라도 경찰의 직권으로 출입하고 조사할 수 있다.

2) 대처 요령

가정폭력이 발생했을 때 대응 요령

안전한 장소 + 경찰에 신고 + 신분증, 신용카드, 통장, 갈아입을 옷 + 비상금

- 가정폭력이 발생하면 안전을 위해 일단 안전한 곳으로 피하세요.
- 상담은 여성긴급전화 1366 또는 가까운 가정폭력상담소로 전화주세요.
- 가정폭력이 발생한 즉시 112로 신고하세요.
- 신분증, 신용카드, 통장, 갈아입을 옷 등은 미리 준비해놓고 급히 챙겨올 수 있는 장소에 보관해주세요.
- 위급한 상황을 대비해 여윳돈을 준비하세요.
- 위급 상황 발생 시 안전하게 머물 곳과 연락할 사람을 사전에 정해놓으세요.
- 이웃들에게 폭행을 당하는 소리가 나면 경찰에 신고해달라고 사전에 알려주세요.

(출처: 한국여성인권진흥원)

가정폭력 신고 시 처리 절차 알아두기

- 경찰이 현장에 출동해 피해 상태 및 피해자의 안전 여부를 조사한다.
- 가해자의 폭력행위를 제지하고, 피해자를 보호시설이나 치료기관으로 인도할 수 있다.
- 재발의 우려가 있거나 긴급을 요하는 상황인 경우 경찰관 직권으로 가해자의 퇴거나 격리, 접근 금지를 결정할 수 있다.

- 가정보호사건으로 송치할 경우: 접근 제한, 친권행사 제한, 치료위탁 등 보호 처분
- 형사사건으로 송치할 경우: 재범의 위험이 높고 상습적일 경우 일반 형사사건과 동일한 절차로 진행
- 폭력이 상습적이고, 폭행의 정도가 심각하며, 3년 이내 가정폭력 전력이 있고, 피해자에 대한 위해 정도가 심각할 경우 가해자를 구속 수사한다.
- 주취 폭력을 행한 피의자의 경우 재범 확률이 높으므로 주변이나 이웃을 탐문하여 여죄를 수사한다.

가정폭력 피해자의 권리 알아두기

- 가해자가 직계존속이어도 고소할 수 있다.
- 피해자가 두려움과 공포로 인해 가해자의 즉시 처벌을 원치 않더라도 추후에 얼마든지 가해자를 고소할 수 있다.
- 피해자는 수사 절차와 진행 사항을 통보받을 권리가 있다.
- 피해자는 보호시설과 상담 지원을 신청할 수 있다.
- 피해자의 동의 없이 개인 신상정보를 공개하지 않는다.
- 피해자가 가해자의 폭력을 피해 이사했을 경우 본인 의사와 관계없이 주소지가 노출되는 일이 없도록 가해자를 지정하여 주민등록 열람 제한을 신청할 수 있다(가정폭력 피해자임을 입증하는 서류와 신분증 지참, 거주지의 읍·면·동사무소에 신청).
- 피해자가 법원에 청구하면 법원이 피해자 보호명령을 내릴 수 있다

(격리, 100미터 이내 접근금지, 전기 및 통신으로의 접근금지, 친권행사 제한 등, 6개월~2년까지).

: 피해자보호명령 청구서, 진단서 등 관련 서류를 제출하면 되며, 가해자가 법원의 명령을 어길 경우 2년 이하의 징역 또는 2천만 원 이하의 벌금 또는 구류에 처하고 위반 시에는 현행범으로 체포할 수 있다.

어린이와 청소년이 피해자일 경우 취학지원, 주거지원 받기

- 가정폭력으로 인해 초중고 어린이 및 청소년이 보호시설에 입소한 경우, 원래의 주소지 이외의 지역에서 취학(입학, 재입학, 전학, 편입학)해야 할 경우 취학에 대한 교육비 지원 및 주거 지원 등을 받을 수 있다.

- 취학 지원: 시설 입소 증명에 대한 자료를 구비하여 해당 학교장에게 신청하면, 전학 학교를 지정하여 전학 조치를 받을 수 있다 (증명자료 : 가정폭력상담소 또는 가정폭력 피해자 보호시설에서 발급한 가정폭력 피해 혹은 상담 사실 확인서).

- 쉼터 입소 지원: 가해자와 분리된 생활을 원하는 피해자에 한해 기관과의 면접 상담 후 쉼터에 입소할 수 있다 (임시 보호 : 3~7일, 단기 보호시설 : 6개월 이내, 장기 보호시설 : 2년 이내).

- 주거 지원: 피해자와 자녀가 안정적인 거주지를 원할 경우 입주 심사를 거쳐 임대주택에 거주할 수 있다. 보증금은 운영기관에서 부담하고, 관리비와 공과금은 입주자 부담이다(임대조건 : 임대기간 2년, 1회에 한하여 2년 연장 가능, 임대주택 1호당 2~3세대 입주).

의료지원과 법률지원 받기

- 가정폭력으로 신체적, 정신적 치료가 필요한 경우 의료비를 지원받을 수 있다 (의사 소견서 제출, 피해 발생 후 5년 이내에 치료받을 수 있다).
- 대한법률구조공단 또는 한국가정법률상담소에 문의하여 무료로 법률 상담 및 지원을 받을 수 있다 (신청서류 : 주민등록등본, 가족관계등록부, 피해상담 사실 확인서, 진단서, 고소장 사본, 고소장 접수증 등).

3) 조치기관 및 긴급 연락처

가정폭력 피해자 지원제도

▫ **가정폭력 피해자를 위한 어떤 지원제도가 있나요?**

상담지원	전화와 면접을 통한 피해 상담을 받을 수 있도록 국번 없는 특수전화 1366을 365일 24시간 운영
긴급지원	가정폭력 피해자와 생계 및 주거를 함께하는 가족구성원의 생계 유지가 어렵게 된 경우 긴급지원 가능
의료지원	1366센터, 보호시설, 상담소, 해바라기센터 등에서 의료비 지원, 무료법률 지원
무료법률 지원	가정폭력 피해자(국내 거주 이주여성 포함)에 한하여 가정폭력에 관련된 민사, 가사 사건에 대한 무료 법률 상담 및 무료 법률 구조 신청 가능 ※대한법률구조공단 대표번호 : 국번없이 132, www.klac.or.kr ※한국가정법률상담소 대표번호 : 1644-7077, www.lawhome.or.kr

보호시설 지원	가정폭력 피해자 중 보호시설 입소 희망자에 한해 각 기관과 면접 상담 후 입소 가능, 특히 10세 이상 남아를 동반한 가정폭력 피해자를 위한 보호시설 별도로 운영 ※단기보호시설 : 6개월, 장기보호시설 : 2년 이내, 긴급피난처 : 최대 7일까지 -보호시설 퇴소 후 또는 가정 복귀가 어려운 경우 자립 지원을 위하여 심사를 거쳐 주거공간(그룹홈)지원
추가지원	가정폭력 피해자와 자녀가 안정적이고 장기적인 거주지를 원할 경우 입주 심사를 거쳐 임대주택 거주 가능

(출처: 한국여성인권진흥원)

여성긴급전화 ☎1366 : 24시간 상담, 현장상담, 피난처 운영, 관련기관 연계

학교 · 여성폭력 긴급지원센터(경찰청) ☎117

알 려 주 세 요

외부인의 침입으로부터 안전을 지키는 4가지 팁

위험요소 1: 가스관

→ 아파트나 빌라의 저층 가옥을 침입하는 가장 대표적인 수단은 가스관을 타고 창문으로 들어오는 것이다. 이를 방지하기 위해 가스관에 가스철침을 설치하면 일차적인 위험요소를 줄일 수 있다.

위험요소 2: 창문

→ 저층 건물의 창문에 방범장치가 허술할 경우 범죄자가 창을 뜯고 침입할 위험이 있다. 우선 안전한 방범장치를 설치하는 것이 필수적이다. 그렇지 못할 경우, 시중에

서 저렴한 가격에 판매하는 방범용 도어경보기를 설치하면 위험상황에서 처할 경우를 대비할 수 있고 어느 정도 시간을 벌 수 있다.

위험요소 3: 빈 집

→ 여성 혼자 사는 빈 집임이 표시가 나는 것 자체도 위험요소가 될 수 있다. 밤에 귀가할 경우 외출 전 집에 불을 켜두어 빈 집이라는 신호를 보내지 않는 것도 위험을 예방하는 하나의 방법이다.

위험요소 4: 최소한의 안전용품

→ 호루라기나 소형 호신용품 등 최소한의 안전용품이 있는 것만으로도 위험상황에서 빠져나오는 데 큰 역할을 한다. 소형 호신용품은 집에 비치해두는 용도와 외출 시 휴대하고 다니는 휴대용을 모두 마련하는 것이 좋다.

3. 디지털 성범죄

1) 디지털 성범죄 · 성폭력

디지털 성범죄란?

- 디지털 기기 및 정보통신 기술을 매개로 온·오프라인 상에서 발생하는 젠더 기반 폭력.

- 동의 없이 상대의 신체를 촬영하거나 유포·유포 협박·저장·전시하는 행위 및 사이버 공간에서 타인의 성적 자율권과 인격권을 침해하는 행위를 포괄.

- 모든 디지털 성폭력이 현행법상 성범죄로 인정되는 것은 아니며, 현재 범죄로 규정되는 디지털 성폭력은 성적 목적을 위한 불법 촬영, 성적 촬영물 비동의 유포, 통신매체를 이용한 음란행위 등이 있다.

5년 이하의 징역 또는 1천만 원
이하의 벌금형에 처해질 수 있습니다
신고 및 상담은
112 또는 1366

어떤 것이 디지털 성범죄인가?

디지털 성범죄는 결코 개인 간의 사소한 문제가 아니며, 사회구조적으로 발생하는 성폭력에 해당합니다.
현행법으로도 처벌되고 있는 명백한 범죄행위입니다.

불법 촬영	비동의 유포, 재유포	유통, 소비
• 치마 속, 뒷모습, 전신, 얼굴, 나체 등 • 용변보는 행위, 성행위	• 웹하드, 포르노 사이트, SNS 등에 업로드 • 단톡방에 유포	• 웹하드, 포르노 사이트, SNS 등의 사업자 및 이용자

유포 협박	사진 합성	성적 괴롭힘
• 가족, 지인에게 유포하겠다는 협박 • 이별 후 재회를 요구하며 협박 • 유포 협박으로 금전 요구 등	• 피해자의 일상적 사진을 성적인 사진과 합성 후 유포(소위 지인 능욕)	• 사이버 공간 내에서 성적 내용을 포함한 명예훼손이나 모욕 등의 행위

리벤지 포르노란?

- 헤어진 연인에게 보복하기 위해 유포하는 성적인 사진이나 영상 콘텐츠.
- 보복할 목적으로 사귈 당시 촬영한 성적인 사진이나 영상을 유포하는 것으로, '연인 간 보복성 음란물' 이라 한다.
- 연인이나 부부가 둘만의 개인적인 장면을 남기기 위해 찍어놓은 성적인 영상이나 사진을 추후 이별하게 됐을 때 복수심을 품고 인터넷 공간에 유포하는 것이다. 대다수의 피해자들은 자신이 나온 영상이나 사진이 온라인상에서 유포되고 있다는 사실조차 모르는 경우가 많고, 사실을 알게 되더라도 삭제가 쉽지 않아 그 피해가 크다.
- 정부는 2017년 9월 '디지털 성범죄 피해방지 종합대책' 을 통해 연인 간 복수 등을 위해 특정 개인을 알아볼 수 있는 사람의 신체 또는 행위를 촬영한 사람이 영상물을 유포한 경우에는 기존 벌금형을 없애고, 5년 이하의 징역형만으로 처벌하기로 했다.
- 또 가해자에게 해당 영상물 삭제 비용을 부과하고 피해자가 경제적 · 의료적 · 법률적 지원을 한 번에 받을 수 있는 원스톱 종합지원 서비스를 마련 · 시행하기로 했다.
- 아울러 피해자가 방송통신심의위원회에 불법촬영물의 삭제를 요청할 경우 '선차단' 조치 후 3일 이내에 긴급 심의를 진행하기로 했다.

이 밖에 정보통신사업자가 불법 영상물의 유통 사실을 명백히 인지한 경우 삭제 · 접속 차단 등의 조치 의무를 신설하고, 이를 이행하지 않을 경우 시정명령 또는 2,000만 원 이하의 과태료를 부과한다는 방침이다.

(출처 : 네이버 지식백과, 시사상식사전)

디지털 성범죄에 대한 Q&A

Q.성관계 영상 촬영에 동의했으면 유포되는 것도 자기책임 아닌가요?

A. 촬영에 동의를 했더라도 동의 없이 성적촬영물이 유포되었다면 디지털 성범죄입니다. 성폭력처벌법 제14조에서는 촬영 동의 여부에 상관없이 성적 촬영물을 동의 없이 유포한 행위에 대해서는 처벌하고 있습니다. 촬영에 대한 동의는 결코 유포에 대한 동의를 포함하지 않습니다. 유포에 대해서 동의하지 않았고, 동의했다는 의사를 명확히 하지 않았다면 이는 결코 유포에 동의한 것이 아닙니다.

Q. 몰래 찍힌 사진, 몰래 유포한 영상 등을 다운로드하거나 보기만 하는 것은 죄가 안 되지 않나요?

A. 보는 행위, 다운로드 받는 행위만으로는 현행법상 처벌 대상은 아니지만, 재유포하는 경우 정보통신망법 제44조에 따라 처벌받을 수 있습니다. 디지털 성범죄 피해를 확산하는 불법 촬영물의 소비는 근절되어야 마땅합니다. 따라서 이런 촬영물을 다운로드하고 보는 것은 직접적인 처벌 대상은 아니나, 명백히 피해자의 고통을 가증시키는 일이며 범죄에 가담하는 행위라는 것을 인지해야 합니다.

Q. 디지털 장의사에게 의뢰하는 게 더 좋은거 아닌가요?

A. 피해 촬영물을 삭제해준다는 점에서는 같지만 비용이 무료인 점, 삭제 외에도 다양한 지원을 받을 수 있다는 점에서 차이가 있습니다. 구체적 지원 내용은 지속적인 상담, 피해 영상에 대한 삭제 지원이 있으며, 기타 성폭력 피해자 지원 제도를 활용하여 법률 · 의료 · 심리 지원까지 받을 수 있도록 연계하고 있습니다.

Q. 과거에 유포한 가해자를 신고하고 영상(사진)을 삭제했는데, 영상(사진)이 또 유포되고 있어요.

A. 디지털 성범죄는 사이버 공간을 매개로 하기 때문에 삭제한 영상이 재유포되는 등 피해가 재발생, 재확산되는 경우가 많습니다. 디지털 성범죄 피해자 지원센터는 재유포 피해 또한 지원하고 있으며, 제공받을 수 있는 지원에 차이를 두고 있지 않습니다. 따라서 디지털 성범죄 피해자 지원센터에서 지원을 받을 수 있습니다.

(출처: 한국여성인권진흥원)

2) 데이트 폭력과 스토킹

데이트 폭력이란?

- 데이트 관계에서 발생하는 언어적 · 정서적 · 경제적 · 성적 · 신체적 폭력을 말한다.

- 헤어지자는 연인의 요청을 거부하거나, 이별하더라도 집요하게 스토킹으로 이어지는 경우도 많은데, 이 역시 명백한 데이트 폭력에 속한다.

- 데이트 폭력은 아내 폭력과 마찬가지로 단 한 번의 폭력으로 끝나지 않고 오랜 기간 폭력에 노출되는 경우가 많다. 때리면서도 사랑한다고 말하는 가해자의 반복적 행동은 사랑하기 때문에 때리는 것이고,

집착하는 것이라고 믿게 만든다. 그래서 피해자들은 '때리는 거 하나만 빼면 참 괜찮은 사람' 이라는 생각을 갖고, 이런 믿음은 폭력으로부터 벗어나는 데 어려움을 주기도 한다. (출처: 한국여성의전화, 데이트폭력 대응을 위한 안내서)

- 데이트 폭력과 관련하여 별도의 법제도가 현재 마련되어 있지 않다. 다만 가해자에 대하여 형법, 성폭력처벌법, 경범죄처벌법, 기타 특별 형법에 따른 처벌만 가능하다.

- 관련법

경범죄처벌법

어떤 것이 데이트 폭력인가?

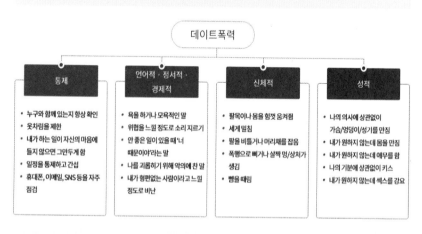

데이트관계란 좁게는 데이트 또는 연애를 목적으로 만나고 있거나 만난 적이 있는 관계와 넓게는 맞선, 부킹, 소개팅, 채팅 등을 통해 그 가능성을 인정하고 만나는 관계까지 포괄하며 사귀는 것은 아니나 호감을 갖고 있는 상태, '썸 타는 관계'까지 포함합니다.

데이트폭력

통제
- 누구와 함께 있는지 항상 확인
- 옷차림을 제한
- 내가 하는 일이 자신의 마음에 들지 않으면 그만두게 함
- 일정을 통제하고 간섭
- 휴대폰, 이메일, SNS 등을 자주 점검

언어적 · 정서적 · 경제적
- 욕을 하거나 모욕적인 말
- 위협을 느낄 정도로 소리 지르기
- 안 좋은 일이 있을 때 '너 때문이야'라는 말
- 나를 괴롭히기 위해 악의에 찬 말
- 내가 형편없는 사람이라고 느낄 정도로 비난

신체적
- 팔목이나 몸을 힘껏 움켜쥠
- 세게 밀침
- 팔을 비틀거나 머리채를 잡음
- 폭행으로 삐거나 살짝 멍/상처가 생김
- 뺨을 때림

성적
- 나의 의사에 상관없이 가슴/엉덩이/성기를 만짐
- 내가 원하지 않는데 몸을 만짐
- 내가 원하지 않는데 애무를 함
- 나의 기분에 상관없이 키스
- 내가 원하지 않는데 섹스를 강요

출처: 한국여성의전화, 데이트폭력 대응을 위한 안내서

스토킹이란?

- 상대의 의사에 반하여 지속적 또는 반복적으로 괴롭히는 행위를 말한다.
- 계속 만날 것을 강요하거나, 성관계 사실을 공개, 행동 제한 및 생활 공간을 침범하는 행위 등이 있다.

3) 대처 요령

디지털 성범죄가 발생했을 때

상담 지원 피해내용 및 증거 확보 방법 안내 및 대응 방안 논의, 지지 상담

삭제 지원 유통 플랫폼별 피해 자료 삭제 요청 및 채증 자료 확보, 삭제 지원 모니터링 및 리포트 제공, 불법 유통 플랫폼 감시

수사 지원 피해 사실 수집 및 채증자료 정리, 수사지원 연계, 추가 증거자료 제출 및 수사 과정 모니터링 등

법률 지원 무료 법률지원 연계 등

기타 지원 의료 지원 및 심리치유 지원 연계, 피해자의 효과적 지원을 위한 협력 체계 마련 등

(출처: 여성가족부, 한국여성인권진흥원)

- 여성가족부 디지털성범죄 피해자 지원센터에 상담신청하고 지원 받기

온라인: www.women1366.kr/stopds

☎ 02-735-8994

데이트 폭력과 스토킹이 발생했을 때 대응 요령

위험신호 알아차리기/
지지자원 모색하기

＋

증거수집, 폭력의 흔적
남기기

＋

안전한 장소

- 자신을 지지해주고 도와줄 수 있는 사람을 찾아요.
- 도움을 요청할 수 있는 상담소에 가서 상담을 받을 수 있어요.
- 지금 당장 사법제도를 이용하지 않더라도 나중을 위해서라도 증거를 모아두세요.
- 상대방이 폭력(언어적 정서적 성적 신체적)을 행사한 날짜, 시간, 장소, 가해자의 행동, 상황 및 구체적인 피해내용을 6하 원칙에 따라 자세히 기록해두세요.
- 몸에 멍이나 상처가 있는 경우 사진을 찍으세요. 병원에 가서 데이트 폭력으로 생긴 상처임을 반드시 밝히고 필요시 상해진단서를 발급받을 수 있도록 하여 진료기록을 남깁니다.
- 폭력의 흔적(상처, 부서진 물건 등)을 찍은 사진, 동영상, 문자나 메일, 통화 및 대화 녹음, 연락 기록, 메신저 기록 등을 저장해 두세요.
- CCTV 영상은 삭제될 수도 있으니 빠른 시일 내에 확보해두는 게 필요해요.
- 주변인에게 폭력 피해를 호소한 기록도 증거로 사용될 수 있어요.
- 안전을 위협하는 상황이라면 반드시 112에 신고하고 상담소에 도움을 청하세요. 상담 기록과 신고 기록은 피해를 입증하는 증거자료로 활용될 수 있어요.

(출처 : 한국여성의전화, 데이트폭력 대응을 위한 안내서)

알려주세요

데이트 폭력 사전에 예방할 수 있다

날로 급증하고 난폭해지는 데이트 폭력 범죄에 여성들이 피해를 입는 이유는 연인관계라는 친밀함 때문에 위험한 전조 증상을 미처 알아차리지 못하기 때문이다. 또한 사회통념상 남녀의 사생활이라는 이유로 범죄의 심각성이 축소되기 때문이기도 하다. 상대방에 대한 애정과 관심을 가장한 집착과 통제는 데이트 폭력의 전조라는 것이 전문가들의 일관된 조언이다. 초반에 이를 대수롭지 않게 넘길 경우 위험한 범죄에 노출될 수 있다. 심각한 데이트 폭력으로 발전할 수 있는 징조 및 데이트 폭력 행위는 다음과 같다.

〈심각한 수준의 데이트 폭력 증상〉

1단계: 지나친 애정 공세
- 교제 후 연락하고 만나는 횟수가 잦고, 애정을 빙자해 자주 만날 것을 요구한다.
- 애정 공세나 선물 공세 등 구애하는 방식이 성급하고 조급하다.
- 일상생활과 주변 인간관계, SNS에 대해 지나치게 성급히 파악하려 든다.
- 이동 경로나 현재 장소 등에 대해 계속적으로 알아내려 한다.
- 전화를 받지 못하거나 문자메시지에 대한 답이 조금만 늦어도 초조해하거나, 통화가 될 때까지 여러 번 전화한다.

2단계: 간섭과 집착
- 하루 일과와 일정을 자세하게 알려 한다.
- 연락하는 횟수가 잦을 뿐만 아니라 그때마다 어디에, 누구와 있는지를 체크한다.
- 기존의 사회생활, 취미생활로 인한 인간관계를 못마땅해 하거나, 특정 모임에 가지 않을 것을 강요한다.

- 모든 대인관계에 대해 지나치게 예민하게 반응하거나 간섭하거나 금지한다.
- 휴대폰 통화내역, 문자메시지 등을 일일이 확인하려 들거나 몰래 확인한다.
- 휴대폰에 비밀번호나 잠금을 설정한 것에 대해 불만을 표하고, 여는 방법을 알아내려 한다.
- 옷차림, 말투, 취미, 장신구, 머리모양 등에 불만을 표하거나 자신의 취향대로 바꿀 것을 종용한다.

3단계: 언어적 폭력성
- 불편감을 유발하는 성적으로 음란한 언사나 욕설을 하고, 거부감을 표해도 중지하지 않는다.
- 화를 내거나 욕설을 한 후 곧바로 후회하고 사과하는 듯하나, 같은 언행을 반복한다.
- 교제 초반의 모습과 다른 태도를 보이며 모욕적인 말을 하고, 그 횟수가 늘어난다.
- 물건을 파괴할 것처럼 화를 내거나, 때리거나 죽이겠다는 위협적인 말을 한다.
- 자신의 언행이나 분노에 대해 상대방에게 책임 전가하는 말을 한다.
- 이별 후 보복행위(사진 유출, 직장이나 가족에게 폭로 등)에 대해 암시하는 말을 한다.

4단계: 신체적, 물리적 폭력성
- 벽을 치고 물건을 던지거나 문을 세게 닫는 등 물리적 폭력성을 드러내기 시작한다.
- 돈을 자주 빌려가거나 돌려주지 않고 그 횟수와 금액이 늘어난다.
- 얼굴이나 몸을 향해 물건을 던지거나, 벽을 향해 밀치거나, 팔목을 낚아채는 행위를 한다.
- 뺨을 때리거나, 머리채를 잡거나, 목을 조르거나, 발로 차는 등 손발을 사용한 폭력 행위를 가한다.
- 원치 않는 스킨십이나 성관계를 강요한다.
- 자동차나 집 안에 감금하고 위협한다.
- 흉기를 사용해 위협 행위를 하거나 신체에 상해를 입힌다.

디지털 성범죄 피해자 지원센터 바로 알기

'디지털 성범죄 피해자 지원센터' 3만3,921건 지원 실시
피해 지원 대상 확대 등 맞춤형 지원 강화

여성가족부(장관 진선미)는 2018년 디지털 성범죄 피해자 지원센터(이하 지원센터)가 총 3만3,921건의 지원을 실시했고, 사이버 성적 괴롭힘 등 피해지원 대상 확대를 주요 내용으로 하는 2019년도 운영 계획을 함께 발표했다.

여성가족부 산하 한국여성인권진흥원 내 마련된 지원센터는 지난 해 4월 30일 운영을 시작했고, 유포된 불법영상물을 신속하게 삭제 지원하고 피해자 보호와 지원을 위한 수사 지원, 법률 서비스 및 의료 지원 연계 등 종합적인 서비스를 원스톱으로 지원하고 있다. 지원센터는 개소 시점부터 전년도 말까지 8개월 동안 총 2,379명의 피해자가 피해 사실을 접수해 총 3만3,921건을 지원했다고 밝혔다. 이 가운데 삭제 지원은 2만8,879건이다.

지난 8개월 피해 신고 2,379명

센터는 피해자가

- 전화(02-735-8994)

- 비공개 온라인 게시판(www.women1366.kr/stopds),

- 방문 접수

등을 통해 피해사실을 신고하면, 피해 유형 및 정도를 파악해 상담이나 삭제 지원, 수사 · 법률 지원, 의료 지원 등을 연계하도록 운영하고 있다.

특히, 삭제 지원은 피해자가 영상물을 제출하거나, 영상물이 유포된 인터넷 주소(URL)를 제출하면, 해당 영상물이 유포된 사이트를 검색하여 수집해 해당 사이트 관리자에게 해당 영상물의 삭제를 요청하며, 이때 방송통신심의위원회에 심의 요청도

병행한다.

피해자의 절반 이상(1,301명, 54.7%)이 불법촬영, 유포, 유포 협박, 사이버 괴롭힘 등 유형별 피해를 중복으로 겪었다. 특히, 불법촬영 피해 1,699건 중 1,282건(75.5%)은 유포 피해가 함께 발생한 것으로 나타났다.

□ 유포 피해 총 2,267건 중 1,282건(56.6%)은 피해자가 피해 영상이 제작된 것을 몰랐던 불법촬영(촬영 자체를 인지하지 못함)이었으며, 나머지 985건은 영상물 촬영은 인지했으나 유포에는 동의하지 않은 경우다.

유포 피해자 한 명당 적게는 1건부터 많게는 2,975건까지 유포 피해가 발생한 것으로 나타났다.

불법촬영 65%는 아는 사람에 의해 자행

□ 불법촬영자는 대부분 전 배우자, 전 연인 등 친밀한 관계 또는 학교나 회사 등에서 '아는 사이' 였다.

- 불법촬영 1,699건 중 모르는 사이에서 발생한 건수는 592건(34.8%)이었으며, 65.2%가 지인에 의해서 발생했다.

【피해자 분석】

지원센터에 접수한 피해자 2,379명 중 여성이 총 2,108명으로 88.6%를 차지했으며, 남성도 271명에 달했다. 연령별로는 연령을 밝히길 원치 않았던 피해자를 제외하고, 20~30대가 617명(25.9%)으로 가장 많은 비중을 차지하는 것으로 나타났으며, 10대부터 50대 이상까지 전 연령대에서 디지털 성범죄 피해가 발생하고 있는 것으로 나타났다.

【삭제 지원 분석】

삭제지원 현황을 살펴보면, 사회관계망서비스(SNS)를 통해 유포되는 경우가 가장 많았으며(35.7%), 다음으로 성인사이트가 많은 것으로 나타났다.

한편, 방송통신심의위원회에 심의를 신청한 건수는 총 2,533건으로, 삭제가 잘 이뤄

지지 않는 성인사이트에 대해서는 방송통신심의위원회에 심의 요청하고 있다. 방송통신심의위원회는 심의를 거쳐 차단 조치 등의 시정 요구를 진행하고 있다.

2019년 달라지는 점

□ 올해 여성가족부는 지원센터의 기능 강화 및 효율화를 통해 디지털 성범죄 피해자에 대한 지원을 강화할 계획이다.

먼저, 지원센터의 인력을 대폭 확충(16 → 26명)하여 피해자의 삭제 지원 서비스 대기 시간을 최대한 단축하고, 특히, 신속하고 전문적인 법률 지원 서비스를 제공하기 위해 전문 변호사를 채용한다. 또한, 기존에는 불법촬영과 유포 피해에 한정되었던 디지털 성범죄가 새로운 유형의 피해로 나타나고 있는 점을 감안하여 사이버 성적 괴롭힘, 몸캠 피해 등까지 지원 대상을 확대한다.

□ 아울러, 지원센터에 통합관리시스템을 구축하여 그동안 수작업으로 진행했던 피해영상물 검색과 수집을 효율화하고 체계적인 통계 관리를 하게 되며, 지원센터와 관계 부처 간 기능 연계를 강화한다. 통합관리시스템 구축 시 경찰청 '음란물 추적시스템'과의 연계를 추진하고, 방송통신심의위원회의 심의처리시스템을 고도화*하여 심의 신청 절차를 간소화할 예정이다.

* 방송통신심의위원회 심의처리 시스템 고도화 : 민원시스템을 통한 신청 → 핫라인 구축 또한, 불법촬영물의 실효적인 차단을 위해 인공지능(AI) 등을 활용한 불법영상 차단 기술을 지원센터에 적용할 수 있도록 과학기술정보통신부와 협조할 계획이다.

□ 이숙진 여성가족부 차관은 "디지털 성범죄 피해자 지원센터 운영은 정부 차원에서 디지털 성범죄의 심각성을 중대하게 인식하고 처음으로 피해자 지원 체계를 구축했다는 점에서 의의가 있다"라고 강조했다. 또한, "지원센터의 기능을 더욱 강화해 신속하고 정교하게 피해자를 지원하도록 최선을 다하겠다"라고 밝혔다.

(출처 : 여성일보 2019.01.18.)

여성이 꼭 알아두어야 할
질병과 예방 · 대처법

여성이라면 반드시 주의 · 예방해야 하는 20가지 질병

여성의 질병은 왜 더 위험한가?

여성이 주의해야 할 질병과 남성이 주의해야 할 질병은 공통점도 있지만 차이점도 상당하다.

이는 첫째, 여성의 생애주기 때문이다. 출산 전후와 갱년기 전후로 신체 호르몬 및 대사 기능이 급변함에 따라 여성이 각별히 더 유의해야 할 질병들이 존재한다.

둘째, 여성이 처한 사회적 특성이다. 청년기 여성은 과도한 다이어트로, 중년기 여성은 가족에 대한 일방적 희생으로 인해 더 취약해지는 질환과 질병이 있다.

이 장에서는 이러한 특성에서 비롯되는 여성에게 취약한 20가지 질병의 종류와 대처법을 엄선했다.

1. 유방암

원인

2018년에 발표된 중앙암등록본부 자료에 의하면 2016년 우리나라에서 발생한 22만9,180건의 암 중 유방암은 2만1,839건으로 전체 암 발생의 9.5%, 5위를 차지했다. 발생 건수는 남자가 92건, 여자는 2만1,747건으로 여성 암 중 1위이다.

연령대는 40대가 33.3%로 가장 많고, 50대가 30.2%, 60대가 16.1%의 순이었다. 또한 국민건강보험공단의 조사에 의하면 유방암 환자 수는 매년 30% 이상 증가 추세에 있다. 특히 40~50대의 중년 여성 환자가 60% 이상의 비율을 차지한다. 40대 이상 중년 여성이 걸릴 수 있는 가장 위험한 질병이지만, 20~30대 여성의 발병률도 무시할 수 없다.

유방암 원인은 유전적 요인과 환경적 요인이 고루 작용한다. 식습관, 음주, 호르몬 등 환경적 요인이 30~50%, 유전적 요인이 5~10%이지만 원인을 알 수 없는 경우도 30% 이상이다.

고위험군

- 유전적 요인: 어머니나 형제 중에 유방암 환자가 있는 사람
- 출산 경험이 없는 사람이나 30세 이후에 첫 출산을 한 사람
- 호르몬의 자극을 오랫동안 받은 사람: 이른 초경, 늦은 폐경, 폐경 후 장기적인
  여성호르몬 투여 등
- 가슴 부위에 방사선 치료를 받은 사람
- 난소암, 대장암에 걸렸던 사람이나 비만한 사람
- 동물성 지방을 과잉 섭취하는 사람이나 환경호르몬에 많이 노출된 사람

증상

- 통증 없는 멍울: 일반 멍울에 비해 더 단단하고 울퉁불퉁하거나 경계가 모호하다.
- 덩어리: 겨드랑이에 단단한 덩어리가 만져지거나, 한쪽 팔이 붓는다.
- 유방의 변화: 한쪽 유방의 크기가 커지거나, 단단한 정도가 달라진다.
- 분비물: 한쪽 유두에서 진한 갈색 혹은 피가 섞인 분비물이 나온다.
- 유두 함몰: 암이 많이 진행된 경우 피부가 움푹 파이거나 유두가 함몰되기도 한다.
- 피부 변화: 암이 진행되면 부종으로 피부가 오렌지 껍질처럼 두꺼워질 수 있다.

이것만은 꼭 알아두자

예방과 치료

- 정기검진

유방암은 초기 발견 시 5년 생존율이 90%가 넘는다. 따라서 정기검진
을 통한 조기 발견이 최고의 예방법이다.

- 생활습관

육류 적게 섭취하기, 금연과 금주, 체중 조절, 운동 등 기본적인 생활습관을 바로잡는 것이 중요하다.

치료

1. 수술이 가능한 경우

 · 보조 요법(화학 요법 · 방사선 치료/항호르몬 요법)

- 유방 전절제술: 유방 전체 조직을 절제하는 수술.
- 유방 부분(보존적) 절제술 : 부분 조직만을 절제하는 수술.
- 액와부(겨드랑이) 림프절 곽청술: 액와부(겨드랑이) 림프절 구획을 절제하는 수술. 초기가 아닌 진행성 유방암인 경우.
- 감시림프절 생검술: 겨드랑이 전체를 수술하지 않고 작은 절개창을 통해 떼어내는 수술. 현재 유방암 수술에서 널리 이용되는 수술.
- 유방 절제술 후의 재건술: 유방을 절제한 후 환자 자신의 근육이나 인공 보조물을 삽입하여 가슴이 바른 모양을 갖추도록 하는 수술.

2. 수술이 불가능한 경우

암의 진행을 막고 증상을 완화하여 삶의 질을 높이는 치료를 진행. 항암 화학 요법, 항호르몬 요법, 방사선 치료를 적절히 이용.

2. 갑상선기능 항진증 · 저하증

현황

　건강보험심사평가원이 발표한 '2018년 여성이 주의해야 할 질병의 진료 현황 분석'에 따르면 우리나라 여성은 갑상선 질환으로 남성보다 2배 이상 진료를 받은 것으로 나타났다. 갑상선 관련 질환의 여성 환자 숫자는 다음과 같았다. 갑상선기능저하증의 경우 여성의 연령대별 환자는 50대가 11만3,273명으로 가장 많았다.

　- 갑상선기능 저하증 : 43만8,854명(남성보다 5.3배 많음)
　- 갑상선기능 항진증(갑상선 독증) : 17만8,188명(남성보다 2.5배 많음)
　- 갑상선악성 신생물: 29만206명(남성보다 4.5배 많음)

갑상선이란?

　목의 앞부분에 위치하는 내분비기관이다. 갑상선은 뇌하수체에서 분비되는 갑상선자극호르몬의 신호를 받아 갑상선호르몬을 만드는 일을 한다. 갑상선호르몬은 신체 대사 속도를 조절하는 역할을 한다.

1. 갑상선기능 항진증

갑상선호르몬을 지나치게 많이 만들어 분비하여 발생하는 질환.

증상

- 많이 먹어도 체중이 감소한다.

- 맥박이 빨라진다.

- 땀을 많이 흘린다.

- 쉽게 피로해진다.

- 더위를 잘 탄다.

- 화를 잘 내고 불안해진다.

- 설사를 자주 한다.

- 손이 떨린다.

- 안구가 돌출된다.

원인

- 80~90%가 그레이브스병 때문에 생긴다.

- 그레이브스병 : 갑상선을 자극하는 항체가 갑상선을 과도하게 자극하

는 자가면역질환.

- 여성이 남성보다 3~5배 많음. 20~50세 사이 여성에게서 많이 발생함.

예방과 치료

- 약물 요법 : 항갑상선제를 복용한다.
- 방사성 요오드 치료 : 요오드를 경구 투여한다.
- 수술

2. 갑상선기능 저하증

갑상선호르몬이 잘 생성되지 않아 체내 갑상선호르몬이 정상보다 낮거나 결핍되는 질환.

증상

- 몸이 붓는다.
- 잘 피곤해진다.
- 적게 먹어도 체중이 증가한다.
- 피부가 거칠어진다.
- 추위를 잘 탄다.

- 변비가 생긴다.
- 목이 쉰다.
- 맥박이 느려진다.
- 우울증이 생긴다.

원인

1. 일차성 갑상선기능 저하증 : 갑상선 자체의 이상으로 인해 발생
- 갑상선기능 저하증의 95% 이상을 차지
- 이중 70~85%는 만성 자가면역성 갑상선염에 의해 발생
- 만성 자가면역성 갑상선염(하시모토 갑상선염): 갑상선에 자가면역 반응이 일어나 갑상선 세포가 파괴되는 염증 질환
- 바이러스 감염이나 출산 후 일시적으로 발생
- 갑상선기능 항진증 치료를 위해 항갑상선제를 복용하는 중 일시적으로 갑상선기능 저하증이 발생
- 요오드 결핍 또는 과다 섭취

2. 이차성 갑상선기능 저하증: 뇌하수체 기능 저하로 갑상선자극 호르몬이 분비되지 않아 발생
- 뇌하수체 손상 : 종양, 수술, 방사선치료 등으로 인한 손상
- 쉬한 증후군 : 출산 시 과다 출혈로 인한 뇌하수체 기능 부전

예방과 치료

- 갑상선호르몬제 복용
- 정기적인 검진을 통한 복용량 조절

[건강상식]

우리나라 여성이 남성보다 많이 걸리는 질병은?

(단위 : 명, 배)

순위	상품명	상품코드	환자수		여/남(배)
			남성	여성	
1	무릎관절증	M17	859,384	2,018,497	2.3
2	눈물 계통의 장애	H04	810,921	1,634,588	2.0
3	방광염	N30	101,477	1,549,608	15.3
4	칸디다증	B37	46,759	970,097	20.7
5	병적 골절이 없는 골다공증	M81	53,383	868,979	16.3
6	전정 기능의 장애	H81	324,736	703,322	2.2
7	유방의 기타 장애	N64	3,251	457,585	140.8
8	기타 갑상선기능 저하증	E03	82,248	438,854	5.3
9	편두통	G43	156,028	389,579	2.5
10	비뇨 계통의 기타 장애	N39	119,609	345,785	2.9
11	기타 비독성 고이터	E04	68,193	328,513	4.8
12	알츠하이머병에서의 치매(G30,-+)	F00	121,395	320,061	2.6
13	유방의 양성 신생물	D24	941	295,808	314.4
14	갑성선의 악성 신생물	C73	63,912	290,206	4.5
15	철 결핍 빈혈	D50	70,218	282,720	4.0
16	기타 전신 증상 및 징후	R68	17,534	248,117	14.2

17	양성 유방 형성 이상	N60	758	224,634	296.4
18	다발 관절증	M15	84,996	189,417	2.2
19	급성 세뇨관 - 간질신장염	N10	30,601	188,409	6.2
20	유방의 악성 신생물	C50	630	181,340	287.8
21	갑상선독증(갑상선기능 항진증)	E05	72,174	178,188	2.5
22	유방의 상세 불명의 덩이	N63	1,045	177,326	169.7
23	분류되지 않은 기타 주로 성행위로 전파되는 질환	A63	56,877	173,812	3.1
24	팔의 단일 신경병증	G56	77,035	169,654	2.2
25	뇌손상, 뇌기능 및 신체질환에 의한 기타 정신 장애	F06	80,986	165,548	2.0
26	갑상선의 기타 장애	E07	32,176	149,221	4.6
27	갑성선의 양성 신생물	D34	27,726	137,192	4.9
28	요추 및 골반의 골절	S32	55,138	134,028	2.4
29	달리 분류되지 않은 부종	R60	62,563	132,803	2.1
30	하지의 정맥류	I83	59,070	125,169	2.1

※ 여성 환자 기준 300명 이상, 여성 남성 환자 수(배)가 2 이상의 상병을 대상으로 함.

※ 비타민D 결핍 40위, 비타민A 결핍 65위, 식사성 칼슘 결핍 88위, 엽산 결핍 빈혈 108위.

(출처 : 건강보험심사평가원)

3. 자궁경부암

증상

자궁은 체부(corpus)와 경부(cervix)로 구성되는데, 자궁경부암은 질에 연결된 자궁경부에서 발생하는 악성 종양이다. 여성에게 발병하는 암 중 두 번째로 흔한 암이자, 우리나라에서 발생하는 전체 암 중 4위를 차지한다.

- 초기 : 질 출혈, 분비물 증가
- 진행 시 : 악취 증가, 혈뇨, 배뇨 곤란, 급격한 체중 감소, 허리 통증

원인

- 인유두종 바이러스 : 성 접촉에 의한 감염
- 성교 상대자(남성)의 불결한 성생활
- 16세 이전 조기 성 경험, 성교 대상자 다수, 출산 경험 다수 · 흡연
- 비타민A, 비타민C, 엽산 등 영양소 결핍

예방과 치료

- 정기검진 : 정기검진을 통해 초기에 발견하면 완치할 수 있다.
- 성관계시 남성의 콘돔 사용
- 자궁경부암 백신
- 1기~2기 초 : 수술, 방사선 요법
- 2기 말 이후 : 방사선 요법

자궁경부암 치료 후 5년 생존률

- 1기 초 : 100%
- 1기 말 : 80~90%
- 2기 초 : 70~80%
- 2기 말 : 60~65%
- 3기 : 35~45%
- 4기 : 15%

4. 방광염 · 신우신염

증상

신장이 세균에 감염되어 발생하는 요로감염을 급성 신우신염이라 부른다. 이중 요도에 발생한 요로감염증을 요도염, 방광에 발생한 감염증을 방광염이라고 한다. 세균 원인균의 85%는 대장균이다. 여성은 남성보다 요도가 짧고 항문과 가까워 방광염 발생률 및 재발률이 높다.

- 소변 횟수 증가
- 긴급뇨와 절박뇨
- 배뇨통
- 발열
- 허리 통증
- 혈뇨

이것만은 꼭 알아두자

예방과 치료

- 물을 많이 마셔 소변을 자주 본다.

- 항문을 닦을 때 질에서 항문 방향으로 향하도록 한다.
- 항생제 치료 : 최소 2~3주간 받는다. 증세가 호전되었다고 해서 바로 치료를 중단하면 재발할 가능성이 높으므로 의사와 상의한다.
- 입원 치료 : 단순 신우신염은 외래 치료할 수 있으나, 증상이 심한 경우에는 입원하여 주사를 통한 항생제 치료를 받는다.

5. 생리불순

증상

- 빈발월경: 생리주기가 21일보다 짧아짐
- 희발월경: 생리주기가 35일 이상으로 길어짐
- 무배란, 무월경
- 과다월경원인
- 스트레스
- 과도한 다이어트
- 영양 부족
- 호르몬 불균형
- 비만
- 갑상선호르몬 기능 이상
- 과도한 운동
- 저체중
- 식이장애
- 자궁이나 난소의 구조적, 기능적 이상

〈무배란을 일으킬 수 있는 관련 질환들〉

- 다낭성 난소 증후군
- 섭식 장애(거식증 또는 폭식증)로 인한 배란 장애
- 뇌하수체 종양
- 부신 종양
- 골반내 종양, 생식기 종양
- 갑상선기능 항진증, 갑상선기능 저하증, 고프로락틴혈증 등 내분비
  질환 등

이것만은 꼭 알아두자

예방과 치료

- 원인 검사를 통해 원인에 따라 치료해야 한다.
- 호르몬 불균형으로 인한 배란장애일 경우 난포자극호르몬, 황체호르
  몬 등을 검사한다.
- 피임약: 에스트로겐 호르몬과 관련 있어 생리불순 교정을 위해 보편
  적으로 사용한다.

6. 질염

종류와 증상

질의 가려움, 동통, 분비물 등의 증상을 동반하는 염증이다. 세균 감염, 자극성 물질, 호르몬 이상 등 다양한 원인이 있다.

- 칸디다 질염

인체에 존재하는 곰팡이균에 의한 질염으로, 여성의 절반 정도가 일생에 두 번 이상 경험할 정도로 흔한 질환이다. 가려움증과 통증을 동반하며 질 분비물이 흰 치즈처럼 변한다. 성관계를 통해 전염되는 것이 아니라 스트레스 등으로 면역력이 약해졌을 때, 당뇨나 갑상선 등 내분비 질환이 있을 때, 임신 중일 때 생긴다.

-트리코모나스 질염

'트리코모나스' 라는 일종의 기생충에 감염되어 발생한다. 성관계, 공중화장실이나 공중목욕탕 등에서 감염되기도 한다. 가려움증을 동반하며 악취가 나는 질 분비물이 발생한다. 여성뿐만 아니라 남성도 함께 치료해야 한다.

- 세균성 질염

질내 정상 세균이 감소하고 혐기성 세균이 증식할 때 발생한다. 질 세척제나 살정제를 과도하게 사용하는 것이 원인이 될 수 있다. 악취가 나는 질 분비물이 발생한다.

- 염증성 질염

원인이 정확하지 않다. 질 분비물에 그람 양성구균이 증가하면 염증성 질염으로 진단한다.

이것만은 꼭 알아두자

예방과 치료

- 몸에 달라붙는 하의는 세균 증식을 돕는 환경을 만들어주므로 되도록 피한다.
- 습한 환경을 조성하는 나일론이나 합성섬유 소재의 속옷 대신 면 소재의 속옷을 입는다.
- 과도한 질 세척은 질내 세균 분포의 균형을 깨뜨려 혐기성 세균이 증가하는 환경을 조성하므로 자제한다. 되도록 물로 세척하고 건조시킨다.
- 항생제를 남용하지 않는다. 항생제는 질 내 유익균의 숫자를 줄이는 원인이 된다.
- 영양 균형과 면역력 유지가 예방에 중요하다.

7. 골다공증

원인

- 여성의 폐경 이후 뼈에서 칼슘이 빠져나가 골질량이 감소하고 골밀도가 줄어들어 작은 충격에도 쉽게 뼈가 부러지는 상태를 말한다. 에스트로겐 호르몬이 급격히 감소하는 폐경기 이후 5년간 동일 연령층 남성보다 골손실이 10배 정도 일어난다.

- 주로 척추, 대퇴부, 골반부와 장골 등에서 골손실이 많이 일어난다.
- 심할 경우 척추에 압박 골절이 생기기도 한다. 이때 허리가 아프거나, 요통이 심해지거나, 신장이 줄어들거나, 등이 굽을 수 있다.
- 미끄러져 넘어졌을 때 엉덩이뼈가 부서질 수 있다. 대퇴부 골절의 경우 사망률이 15~20%에 이른다.

〈세계보건기구에서 제시하는 골다공증 골절 위험군〉

- **연령**(고령일수록 골절 위험 증가)

- **성별**(여성에서 증가)

- **적은 체질량지수**(kg/m2)

- **과거 골다공증 골절 병력**

- **부모의 대퇴골 골절 병력**

- **류마티스 관절염**

- **이차성 골다공증-현재 흡연**

- **과음**(1일 3단위 이상 마시는 경우, 1단위는 알콜 8mg으로 각 술잔의 1잔 정도)

- **스테로이드 계열 약물**(프레드니솔론 5mg에 해당되는 양을 3개월 이상 복용)

- **대퇴골 골밀도**(낮을수록 골절 증가)

이것만은 꼭 알아두자

예방과 치료

- **뼈의 강도 측정**: 뼈의 강도를 측정하는 엑스레이 검사를 통해 뼈의 상태를 파악한다.

- **반드시 섭취해야 하는 영양소**: 칼슘, 비타민D

- **운동**: 운동은 골량의 감소를 막아준다. 근력운동, 보행운동, 수영 등 근육기능과 균형감을 증진시키는 운동을 일주일에 3회 이상 꾸준히 하는 것이 좋다.

- **낙상 방지**

- **금주와 금연**: 음주와 흡연을 뼈 건강을 해친다.

- **약물치료**: 골흡수 억제제, 골형성 촉진제

8. 하지정맥류

증상과 원인

다리(하지)의 정맥이 짙은 보라색으로 혹처럼 튀어나오는 증상으로, 종아리 뒤쪽이나 다리 안쪽에 주로 생긴다. 정맥 내 판막이 기능하지 못하여 혈액이 고이고 내부 압력이 증가하여 발생한다. 다음과 같은 증상을 동반한다.

- 다리 피로감과 무거운 느낌
- 타는 듯하고 쑤시는 듯하거나 찌르는 듯한 느낌
- 밤에 쥐나는 증상 (경련성 통증)
- 통증과 부종

고위험군

- 장시간 서 있는 직업군: 교사, 매장 직원 등 장시간 서 있는 직업군의 경우 하지 혈액 순환이 원활하지 못하여 발생한다.
- 연령: 40대 이상에서 많이 발생한다. 연령 증가에 따라 정맥 내 판막이 약해지면서 생긴다.

- 여성: 남성보다 여성에게서 많이 발생한다. 여성호르몬 변화로 정맥이 확장되어 생긴다.
- 유전적 요인: 가족 중 정맥류가 있는 경우 발병률이 증가한다.
- 과체중: 하지 정맥에 압력을 증가시킨다.
- 임신: 체내 혈액량은 증가하고, 하지에서 골반으로 돌아오는 혈류는 감소하며, 자궁이 골반 내부 정맥을 압박하면서 발생한다.

이것만은 꼭 알아두자

⚠ **예방과 치료**

- 운동 : 다리를 움직이는 걷기, 달리기, 수영 등으로 다리의 혈액 순환을 원활하게 한다.
- 적정 체중 유지 : 적정 체중을 유지하는 것은 하지 정맥에 가하는 압력을 낮춰준다.
- 다리 올리기 : 다리를 높이 올려놓으면 부종을 완화시키고 정맥의 혈색순환을 촉진시킨다.
- 옷과 신발 : 하이힐, 꽉 끼는 바지는 혈액 순환을 방해하여 정맥류를 악화시킨다.
- 30분에 한 번 다리 움직이기: 장시간 서 있어야 할 경우 30분에 한 번씩 다리를 움직여 혈액이 순환되도록 한다.
- 자세 : 다리를 꼬고 앉는 자세는 정맥류의 원인이 되는 습관이다.
- 경화 요법 : 정맥을 폐쇄시키는 경화제라는 주사를 주입하는 치료법.

마취나 입원 없이 시행한다.

- 의료용 압박 스타킹: 고탄력 압박 스타킹 착용은 증상을 완화하고 예방하므로 권장한다. 단, 압박 스타킹 착용만으로는 치료할 수는 없으며, 치료 후 보조적인 수단으로 사용한다.
- 수술, 레이저 치료

9. 심혈관질환

증상과 원인

　폐경 전 여성의 심혈관 질환 발병률은 남성에 비해 낮은 편이지만, 폐경 후에는 달라진다. 이는 혈관 건강을 보호하는 역할을 해주던 여성호르몬인 에스트로겐의 분비가 감소되면서, 해로운 콜레스테롤은 높아지고 이로운 콜레스테롤은 낮아지기 때문이다.

　폐경기 이후 여성들은 고혈압, 협심증, 심근경색 등 각종 심혈관 질환 발병 빈도가 올라가며, 중년기 이후 여성의 주요 사망 원인이 된다. 대표적인 심혈관 질환인 고혈압은 '침묵의 살인자' 로도 불리며 방치할 경우 뇌졸중 등을 유발할 수 있다.

의심 증상

- 손발 저림: 혈관이 막혀 혈액 순환이 되지 않아 발생한다.
- 두근거림: 부정맥, 심근경색 등으로 혈압이 높아지거나 낮아질 때 발생한다.

- 어지러움: 앉았다 일어날 때 현기증, 붕 뜬 느낌 등은 심혈관질환의 대표적 증상이다.
- 숨이 참: 조금만 움직여도 숨이 찰 경우 심근경색이나 협심증일 가능성이 높다.
- 가슴 통증: 가슴이 쥐어짜거나 짓눌리듯이 아프다면 협심증을 의심할 수 있다.
- 체중 증가: 급격한 체중 증가의 원인은 다양하지만 심부전일 가능성도 있다.

이것만은 꼭 알아두자

예방과 치료

- 평소 혈압을 자주 점검한다.(정상 혈압: 수축기 혈압 120, 확장기 혈압 80 이하)
- 규칙적인 운동: 여성은 남성에 비해 근육량이 적어 심혈관 질환에 취약한 신체가 될 수 있다. 특히 갱년기 이후로 근육량이 급격히 감소하게 된다. 걷기, 수영, 요가 등 유산소운동과 근력운동을 병행한 운동을 꾸준히 하는 것이 심혈관 질환 예방에 효과적이다.
- 금연
- 기름진 음식과 육류를 줄인다: 동맥 혈관을 막는 주요 원인인 콜레스테롤을 관리해야 한다.

10. 당뇨병

종류

국민건강보험공단 2016년 자료에 의하면 국내 당뇨병 환자가 5년 사이에 25% 급증했고 최근에는 300만 명에 달하는 것으로 알려졌다.
당뇨병은 혈중 당 농도가 높아지는 질환으로 다음과 같은 종류가 있다.

- 1형 당뇨병: 췌장의 인슐린이 분비되지 않아 발생
- 2형 당뇨병: 인슐린은 분비되지만 여러 원인에 의해 인슐린 저항성(필요한 세포로 당이 잘 들어가지 않음)이 증가하여 발생
- 그밖에 임신성 당뇨병, 내분비 질환으로 생기는 당뇨병, 유전자 이상에 의해 생기는 당뇨병 등이 있다.

증상

- 만성피로
- 전신무력감
- 여성의 경우 질염이 자주 생김
- 당뇨병이 상당히 진행된 경우의 3가지 증상 : 다갈(갈증), 다뇨(소변을 자주 봄), 체중감소

당뇨 합병증

- 급성 합병증(저혈당성 혼수, 고혈당성 혼수): 시간이 지체되면 의식이 돌아오지 않을 수 있는 위험한 상황이므로 곧바로 병원으로 이송하여 수액 치료를 받아야 한다.
- 만성 합병증: 망막병증, 신장합병증, 신경병증
- 당뇨병 환자가 걸릴 위험이 높은 질환: 중풍, 심근경색, 말초혈관 폐쇄증

위험군

- 가족력: 직계가족 중에 당뇨병인 사람이 있음
- 40세 이후: 나이가 들수록 혈당 조절 능력이 떨어짐
- 비만 혹은 과체중
- 고혈압, 이상지질혈증 등이 있는 사람

이것만은 꼭 알아두자

예방과 치료

- 혈액검사를 통한 조기발견
- 적절한 운동, 적정체중 유지
- 균형 있는 식사
- 스트레스 관리
- 금연

알 려 주 세 요

약 복용시 주의할 점

1. 반드시 물과 함께 섭취한다.

- 우유: 약의 성분 흡수를 방해해 약효를 떨어뜨린다.

- 커피, 홍차, 녹차: 카페인 때문에 부작용이 발생할 수 있다.

- 주스: 감기약의 항히스타민 성분 등 약의 주요 성분 흡수를 산성 성분이 방해한다.

- 탄산음료: 가스를 발생시켜 복통을 유발한다.

2. 정해진 용법, 용량을 지킨다.

- 많은 양을 한꺼번에 복용하지 않는다.

- 증상이 나아졌다고 해서 임의로 중단하지 않는다.

- 비슷한 증상이 나타났다고 해서 예전에 처방받은 약을 임의로 먹지 않는다.

- 어른의 약을 용량만 줄여 유아, 어린이에게 먹이지 않는다. 성인의 장기 기능에 비
  해 어린이의 장기 기능이 미숙해 탈이 날 수 있다.

- 알약을 임의로 부수거나 갈아서 복용하지 않는다. 특정 알약(예: 'ER', 'CR', 'EX' 등
  의 글자가 표면에 적혀 있는 알약)은 갈거나 부수면 흡수되는 시간과 약효도 변화할
  수 있다.

〈약의 부작용〉

- 종합감기약과 해열제: 종합감기약에 이미 해열제 성분이 포함되어 있어, 함께 복용
  하면 부작용이 생길 수 있다.

- 아세트아미노펜: 타이레놀의 주성분으로, 과다 복용하면 간을 손상시킨다.

- 이부프로펜: 열과 염증에 효과적이지만 위장과 신장 기능을 저하시킬 수 있다.

- 아스피린: 어린이가 복용하는 경우 뇌와 간 손상을 불러일으킬 수 있다.

4. 유통기한과 보관에 유의한다.

- 약은 직사광선을 비해 습기가 적고 시원한 곳에 보관하되, 일부 약은 냉장 보관해야 하는 경우가 있으므로 보관 방법을 반드시 확인한다.
- 약이 서로 섞이지 않도록 주의한다.
- 유아와 어린이의 손이 닿지 않는 곳에 보관한다.

〈약의 종류별 유통기간〉
- 병원에서 처방받는 약: 처방전에서 지정한 날까지만 복용한다.(예: 3일치 처방약은 3일 이내에 복용)
- 알약: 개봉 후 1개월 이내에 복용한다. 서늘하고 습기 없는 곳에 보관한다.
- 소프트젤 형태의 알약: 열에 노출되면 상하므로 냉장 보관한다.
- 가루약 : 개봉 후 7일 이내에 복용한다. 습기 없는 곳에 보관한다. 가루가 굳거나 색이 변한 가루약은 복용하지 않는다.
- 시럽: 시중에서 구입한 시럽은 개봉했을 경우 밀봉해 냉장 보관하고 1개월 이내에 복용한다. 개봉하지 않은 경우 6개월까지 보관할 수 있다. 병원에서 처방받은 시럽은 밀봉해 냉장보관하되 7일 이내에 복용한다. 시럽의 층이 분리되었다면 복용하지 않는다.
- 연고(크림 형태): 개봉 후 3~6개월 이내에 사용한다. 환부에 직접 닿지 않게 한다.
- 안약: 개봉한 경우 28일 이내에 사용한다. 개봉하지 않은 경우 유통기한까지 사용 가능하다. 용기 끝 부분이 직접 눈에 닿지 않도록 한다. 다른 사람과 사용하지 않는다.
- 점비제(콧속 질환 치료제): 개봉한 경우 30일 이내에 사용한다.

가정상비약
감기약, 진통제, 해열제, 소화제, 위장약, 살균소독제, 피부연고제, 알레르기약, 상처치료제, 화상치료제, 습포제, 반창고

DUR (의약품 안전사용서비스)
건강보험심사평가원 홈페이지에서 제공하는 서비스로, 처방약의 적정성을 확인할

수 있다. 병원 처방 후 약국에서 조제받은 최근 1년간의 의약품 투약내역, 개인별 의약품 알러지 · 부작용 정보, 중복된 약의 유무, 소아와 노인 연령대 주의사항, 임신 수유 시 주의사항, 주의할 음식 등을 알 수 있다.

사용방법

1. 건강보험심사평가원 홈페이지 접속 → '내가 먹는약! 한눈에' 클릭
2. 개인정보 수집 동의
3. 주민등록번호, 공인인증서 입력
4. 정보제공 및 SNS 수신 동의
5. 의사/약사 투약 이력 조회 열람

11. 대장암

원인

국내 대장암 환자수는 최근 10년 사이 2배로 증가(국가 암 통계)할 정도로 급격히 상승했다. 미국에서는 폐암에 이어 암 중에서 사망 원인 2위를 차지한다. 이는 서구화된 식습관, 스트레스, 운동 부족, 음주 등에 의한 것으로 알려졌다. 대장암 징후를 알리는 증상은 다음과 같다.

증상

- 복부 통증, 팽만감, 소화불량: 대장암이 생기면 주로 복부 쪽이 불편한 증상이 나타난다.
- 혈변: 혈변은 소화기관 이상 및 대장암 의심 신호를 보내는 대표적인 증상이다.
- 배변과 대변 형태 변화: 설사나 변비가 잦아지는 증상, 대변의 악취가 심해지는 것, 잔변감, 점액 형태 혹은 검은색의 변 등은 대장암의 초기 징후일 수 있다.
- 식욕 부진: 식욕이 없어지거나 식사를 자주 거르게 될 경우 대장암 증상일 수 있다.
- 주기적인 복통: 대장암이 어느 정도 진행되었을 경우 나타난다.

예방과 치료

- 검진: 대장암은 대장 점막에서 자란 용종이 암으로 변하는 것이므로, 정기적인 내시경 검사를 통해 용종을 초기에 제거해야 한다.
- 채소, 해조류 섭취: 대장암 발병률을 높이는 가장 직접적인 원인은 육류 위주의 식습관이므로, 평소 식이섬유가 많은 녹색채소, 과일, 해조류를 충분히 섭취한다.
- 과일 섭취: 사과와 베리류(딸기, 블루베리 등)는 특히 대장암 예방에 뛰어난 과일이다.
- 잡곡밥 섭취: 흰쌀밥보다 잡곡밥에 식이섬유, 비타민, 칼륨이 많다.
- 운동과 규칙적인 식사: 운동을 규칙적으로 하는 사람의 경우 그렇지 않은 사람에 비해 대장암 위험이 24% 감소한다는 연구 결과가 있다. 규칙적인 식사 습관 역시 중요하다.
- 금주: 대한소화기내시경학회에 따르면 매일 음주를 할 경우 음주를 하지 않는 사람에 비해 대장암 위험도가 21~52%까지 높아진다.

12. 녹내장

원인

녹내장은 안압이 높아져 시신경이 손상되어 생기는 질환이다. 시력이 나빠지기 전까지는 전조 증상이 거의 없어 10명 중 9명은 초기에 자각하지 못한다.

한국녹내장학회가 2008년부터 2011년까지 40세 이상 성인 1만3,831명을 대상으로 분석한 국민건강영양조사 결과에 따르면 710명의 녹내장 환자 중 63명(약 9%)만이 자신의 질환을 알고 있었다.

녹내장은 치료 시기를 놓치면 시신경이 손상되고 실명까지 이를 수 있으므로 정기적인 안과 검진을 해야 한다. 나이가 들수록 혈액 순환이 원활하지 않고 눈 안을 순환하는 액체인 방수가 제대로 빠져나가지 못할 수가 있으므로 중년기 이후 눈 관리가 중요하다.

증상

- 시야가 좁아짐: 중심시력만 남고 주변을 잘 보지 못해 잘 넘어진다. 운전할 때 신호등이나 표지판을 잘 못 보기도 한다.
- 시력 감소, 두통, 구토 : 급성 녹내장에서 나타나는 증상들이므로 즉각 병원을 찾는다.

예방과 치료

- 초기 전조 증상이 거의 없으므로 꾸준한 안과 검진이 중요하고, 한번 발병하면 완치가 어려우므로 꾸준한 치료가 필요하다.
- 약물 치료 : 약물로 안압을 떨어뜨리는 치료가 중심이다.
- 수술 : 약물로 안압 조절이 안 될 때 수술을 통해 방수 배출을 돕는다.

13. 영양 결핍

여성에게 부족해지기 쉬운 영양소

남성에 비해 여성에게서 많이 나타나는 대표적인 질환은 영양 결핍이다. 철 결핍으로 인한 빈혈, 비타민A 결핍, 비타민D 결핍이 대표적이다.

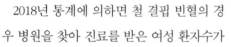

2018년 통계에 의하면 철 결핍 빈혈의 경우 병원을 찾아 진료를 받은 여성 환자수가 남성 환자수보다 약 4배 많았고, 비타민A 결핍은 남성보다 2.2배, 비타민D 결핍은 남성보다 3.7배 가량 여성이 더 많았다.

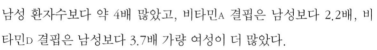

① 비타민A 결핍증

비타민A는 시력과 피부 건강에 필수적이다. 비타민A 결핍증에는 다음 두 가지가 있다.

- 일차성 비타민A 결핍증

비타민A의 섭취가 부족해서 생긴다. 쌀을 주식으로 하는 아시아 지역에서 많이 발생하는데, 쌀에는 비타민A로 전환되는 베타카로틴이 없기 때문이다.

- 이차성 비타민A 결핍증

비타민A를 섭취해도 식품의 베타카로틴이 비타민A로 전환 혹은 흡수가 안 될 때 발생한다. 흡수가 안 되는 이유는 장이나 췌장 기능에 문제가 생겼기 때문인 경우도 있고, 간경화 등 다른 만성질환 때문인 경우도 있다.

증상

- 야맹증: 밝은 곳에서 어두운 곳에 들어갔을 때 순간적으로 앞이 안 보인다.
- 안구건조증: 눈의 상피세포 기능이 떨어져 결막과 각막이 건조해진다.
- 각막연화증: 결막 분비물과 죽은 상피세포 조직으로 이루어진 반점이 생기다가, 각막 일부에 감염이나 궤양이 생긴다.
- 호흡기, 목구멍 등 통로 점막 건조: 점막이 건조해지면 외부 이물질을 걸러주는 섬모가 줄어 세균이 인체 내부로 쉽게 침투한다.
- 피부가 거칠어짐: 오랫동안 비타민A 결핍이 지속될 경우 피부가 거칠어지고 모낭 주변에 각질이 생긴다.

예방과 치료

- 비타민A 투여: 결핍증의 심각도와 기간에 따라 투여한다.
- 단백질과 유제품 섭취: 동물의 간이나 유제품을 섭취하면 비타민A를 보충할 수 있다.
- 녹황색 채소 섭취: 녹황색 채소에는 체내에서 비타민A로 바뀌는 카로틴이 함유되어 있다.

② 비타민D 결핍증

비타민D는 지용성 영양소로서 칼슘 흡수를 돕는다. 면역세포를 활성화시키고 호르몬 분비에 영향을 끼치기 때문에, 비타민D가 부족하면 면역력이 떨어지고 정신건강도 악화된다. 한국인의 상당수(80% 이상)가 비타민D가 부족하다는 연구 결과도 있다.

증상

- 만성피로: 비타민D가 부족해지면 신체 활력이 떨어지고 늘 피곤해진다.
- 우울감 : 많은 연구에서 우울증과 비타민D의 상관 관계가 나타났으며, 비타민D를 보충하면 우울 증상이 개선된다는 결과가 있다.

- 뼈와 치아 약화: 비타민D가 결핍되면 칼슘과 인의 흡수와 조절이 안 되어 골다공증이 생기고 충치가 잘 생긴다.
- 당뇨병: 비타민D가 부족하면 인슐린 저항성이 높아져 당뇨병이 발생할 수 있다.

이것만은 꼭 알아두자

예방과 치료

- 햇빛 쬐기: 비타민D는 햇빛을 충분히 쬐어도 보충될 수 있으므로 평소 야외활동을 적절히 하거나 창가에 채광이 잘 되도록 하는 것이 좋다.
- 고등어, 청어, 갈치, 연어, 참치 등 지방이 풍부한 생선 섭취
- 마그네슘 섭취: 마그네슘은 비타민D의 체내 합성을 돕는다. 호박씨, 아몬드 등 견과류와 브로콜리 등 녹색채소에 마그네슘이 많이 함유되어 있다.

③ 빈혈

혈액 속의 적혈구와 혈색소가 부족해진 것을 통틀어 빈혈이라고 한다. 원인에 따라 다음과 같은 여러 종류가 있다. 주로 남성보다 여성에게서 빈혈이 많이 나타난다.

- 철 결핍성 빈혈 : 철분 섭취가 부족하거나, 임신으로 철분 필요량이

많아지면서 빈혈이 생길 수 있다. 빈혈의 가장 흔한 원인이라 할 수 있다.

- 비타민 결핍성 빈혈: 적혈구 생성에 필요한 엽산, 비타민B12가 부족할 때 생긴다.

- 재생 불량성 빈혈: 골수에 문제가 생겨 적혈구, 백혈구, 혈소판이 제대로 생성되지 않을 때 생기는 빈혈로, 생명을 위협할 수 있는 위험한 빈혈이다.

- 용혈성 빈혈: 골수에서 적혈구를 만들어내는 속도보다 적혈구가 빨리 파괴될 때 생긴다.

증상

- 피로감
- 현기증
- 창백함
- 맥박이 불규칙함
- 식욕 부진, 소화불량
- 저혈압
- 두통, 가슴 통증
- 수족냉증, 손발 저림
- 생리불순
- 성욕 감퇴

예방과 치료

- 육류 섭취: 붉은 고기 및 동물의 간에는 철분이 많이 함유되어 있어 빈혈 개선과 예방에 좋다. 그밖에 달걀 노른자와 유제품, 콩류 섭취도 도움 된다.
- 녹색채소: 시금치 등 녹색 잎채소에는 철분이 풍부하다.
- 말린 과일: 건포도, 건살구 등 말린 과일에도 철분이 함유되어 있다. 단, 말린 과일에는 설탕이 함유되어 있으므로 건강 상태와 증상에 따라 주의한다.
- 식후 1시간 이내에 먹는 카페인 음료(커피, 홍차, 녹차 등)는 철분 흡수를 방해해 빈혈을 악화시킬 수 있으므로 가급적 마시지 않는다.

14. 대상포진

원인과 증상

수두의 원인이 되는 바이러스 (Varicella-zoster virus)에 의한 염증성 피부질환을 말한다. 수두 완치 후에도 바이러스가 없어지지 않고 척수 속에 숨어 있다가, 면역력이 떨어졌을 때 활성화되어 발생한다.

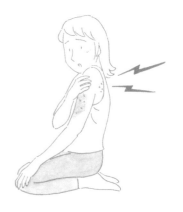

재발률은 0.1~1% 정도로 낮은 편이나 재발할 수도 있다. 한 번 걸린다고 해서 면역력이 생기는 것은 아니다. 전염성이 있는 것은 아니나, 수두를 앓은 경험이 없거나 신체 면역력이 약해져 있을 경우 질환이 생길 수도 있다.

신경이 척추에서 좌우 양쪽으로 뻗어 있기 때문에, 대상포진에 걸리면 몸 한쪽에 통증과 발진이 생긴다.

- 몸 한쪽의 심한 통증, 감각 이상: 두통, 복통, 근육통 등으로 먼저 나타난다.
- 띠 모양의 발진과 물집: 통증에 이어 수일 내에 발진과 물집이 나타나

고, 물집이 나타나고 나서 3일 이내에 고름집이 생기며, 일주일이 지나면
딱지가 앉는다.

이것만은 꼭 알아두자

예방과 치료

- 항바이러스제 치료: 수포 발생 5일 이내에 항바이러스제를 일주일간
  주사하거나 복용한다.
- 물집은 3주 정도면 사라진다.
- 신경통 치료: 고령이거나 다른 만성질환이 있거나 치료 시기가 늦었
  을 경우, 만성통증이나 신경통으로 발전할 수 있고, 때로 1년 이상 지
  속될 수도 있으므로 초기 치료에 유의한다.

15. 단순포진

사람 헤르페스 바이러스(human herpes viruses)에 속하는 단순포진 바이러스에 의해 피부와 점막이 감염되는 질환을 말한다. 세계보건기구의 2015년도 조사에 따르면 전 세계 인구 중 50세 이하의 3분의 2가 감염되어 있을 정도로 흔한 질환이다.

한번 감염된 바이러스는 신경조직에 잠복한 상태로 있다가, 인체 면역력이 약해지면 활성화될 수 있다. 특히 해당 부위에 상처가 있거나, 감기 등으로 저항력이 약해져 있거나, 과음하거나, 스트레스가 심할 때 단순포진이 생기는 경우가 많다. 지나치게 강한 자외선이나 생리도 영향을 끼친다.

단순포진 바이러스에는 다음과 같은 종류가 있다.

종류

- 1형 : 허리 위, 특히 입가, 입술, 구강에 물집이 생긴다.
- 2형 : 허리 아래, 특히 성기 부위에 발생한다.

증상

- 피부 점막 부근에 가려움증과 화끈거림을 동반하는 물집이 군집을 이루어 생긴다.
- 발열, 통증을 동반하기도 한다.

이것만은 꼭 알아두자

예방과 치료

- 얼음 찜질로 수포 부위를 차게 한다.
- 물집이 생긴 부분을 긁거나 문지르지 않는다.
- 항바이러스제: 물집이 지속되고 증상이 사라지지 않을 경우 항바이러스제로 치료한다.
- 평소 청결에 유의한다.
- 바이러스가 잠복해 있다가 피곤하거나 스트레스를 많이 받을 때 나타나는 질환이므로 평소 면역력이 떨어지지 않도록 주의한다. 충분한 휴식을 취하는 것이 좋다.
- 산모에게 단순포진 바이러스가 있을 경우, 분만할 때 신생아에게 감염을 일으킬 수 있으므로 분만 전 의사의 지시에 따라 예방 조치를 취한다.

단순포진 vs 대상포진, 어떻게 달라요?

둘 다 인간 헤르페스 바이러스 감염에 의한 질환이며 물집이 발생한다는 공통점이 있지만 다음과 같은 차이가 있다.

단순포진
- 단순포진 바이러스에 의해 발생한다.
- 물집이 한 부위에만 발생한다.
- 반복적으로 재발할 수 있다.

대상포진
- 수두 바이러스에 의해 발생한다.
- 물집이 한쪽 신경을 따라 띠 형태로 발생한다.
- 발생 3~4일 정도 전에 극심한 통증이 먼저 발생한다.
- 재발률이 매우 낮다.

아토피 피부염 vs 단순포진, 어떻게 달라요?
단순포진은 단순포진 바이러스에 의해 특정 부위에 물집이 생기는 것을 말한다. 입술 등 신체 일부에 물집이 생겼다가 1~2주 후에 치유되는 경우가 많다.

그러나 아토피 피부염 환자의 경우 면역세포인 T세포 기능이 저하되어 있고 피부의 진피 내 세포가 감소되어 있는 상태로서, 각종 바이러스, 세균, 박테리아 감염에 취약해져 있다. 그래서 단순포진 바이러스에 감염되어도 자연치유가 잘 되지 않고 넓은 부위에 물집이 퍼지고 병변이 광범위하게 나타날 수 있다. 따라서 약물치료를 지속하고 피부 건조를 방지하는 등, 일반인보다 예방과 치료를 적극적으로 해야 합병증을 줄일 수 있다.

16. 구내염

원인과 증상

구강에 발생하는 염증성 질환을 통틀어 말한다. 바이러스 혹은 세균 감염에 의한 것으로, 정확한 원인은 밝혀지지 않았으나 피로와 스트레스가 심하거나 면역력이 떨어질 때, 영양이 불균형할 때, 내분비 장애가 있을 때 발생하는 경우가 많다.

남성보다 여성에게서 더 흔하게 나타난다. 여러 종류가 있으나 일반적으로 아프타성 구내염인 경우가 많다. 아프타성 구내염에 걸리면 원형이나 타원형의 얇은 궤양이 생기고 통증을 동반해 일상생활 및 음식 섭취시 불편감을 유발한다.

이것만은 꼭 알아두자

예방과 치료

염증의 크기가 작은 경우에는 일주일에서 10일 정도면 치유된다. 염증의 크기가 크고 통증이 심한 경우에는 다음 약제들을 적절히 선택하여 치료한다.

- 국소 스테로이드제: 염증이나 궤양이 심할 때 사용한다. 경구 복용하

거나, 염증 부위에 연고 형태의 약제를 바른다. 아주 심한 경우 해당 부위에 국소 주사제를 주입하기도 한다.

- 항히스타민제: 히스타민에 대한 과민반응을 억제한다.
- 그밖에 진통제, 면역억제제, 항진균제, 항생제 등을 사용한다.
- 구강청정제로 해당 부위 청결과 회복을 돕는다.
- 평소 구강 청결에 유의하고 입 안에 상처가 생기지 않도록 한다.
- 충분한 휴식과 영양분 섭취로 면역력을 강화시킨다.

17. 편두통

원인

　머리의 한쪽에서만 통증이 나타나는 편두통은 대개 10대에 처음 시작되어 거의 전 연령대에 발생하는 경우가 많은데, 여성의 발병 비율이 남성보다 3배 정도 더 높다. 여성의 18%, 남성의 6%는 평생 한 번 이상 편두통을 앓는다.

위험요인

- 유전적 요인(가족력): 가족 중에 편두통 환자가 있을 경우 발병 확률이 더 높아진다.
- 피로감, 스트레스
- 호르몬 변화: 생리 중, 임신 중, 폐경 이후처럼 호르몬 변화가 나타나는 시기에 편두통 발생 확률도 높다.
- 수면 장애: 수면이 부족하거나 과다할 때 발생한다.
- 카페인, 알코올: 평소 과음을 하거나 카페인 함량이 많은 음료를 많이 마시는 것도 편두통에 영향을 끼칠 수 있다.
- 기압: 비행기 탑승 중 기압 변화나 시차에 의해 발생할 수 있다.

증상

- 4~72시간 지속되는 두통
- 편두통 지속 상태: 72시간 이상 심한 두통이 가라앉지 않아 정상생활
  이 어려운 경우
- 심장이 뛰는 것처럼 욱신욱신한 통증
- 다음 중 적어도 두 가지 해당

1) 한쪽 머리에 발생하는 통증
2) 맥박이 뛰는 듯한 통증
3) 중등도 또는 심한 통증
4) 걷거나 계단을 오르는 것과 같은 일상활동에 의해 두통이 악화되거나 이런 행동을
   회피하게 됨.

- 다음 중 한 가지 이상 동반

1) 메스꺼움, 구토 : 소화가 안 되고 울렁거리거나 토함. 체하면 머리가 아픔.
2) 빛, 소리, 냄새에 예민해짐.

- 현기증: 빙빙 도는 듯한 어지러움증.
- 편두통 시작되기 2~48시간 전에 전조 증상: 집중력 저하, 목이나 어깨
  가 뻣뻣해짐, 하품

예방과 치료

- 약물치료(예방): 두통 발생을 사전에 억제하고, 발생빈도와 정도를 완화시킴 (비스테로이드성 항염제, 트립탄제 등).
- 약물치료(급성): 아세트아미노펜, 아스피린, 비스테로이드성 항염제, 트립탄제, 복합제 등
- 생활습관 개선: 두통 유발 요인(예: 술, 커피, 과식 등) 줄이기

Part 3

18. 치주염

원인

치아 표면에 무색으로 덮인 세균막에 의한 것으로, 치아와 잇몸 사이에 생긴 치태가 염증을 일으키고 이것이 잇몸 뼈에도 영향을 주게 된다. 치태는 양치질로도 제거 가능하지만, 치태가 입 속의 여러 가지 미네랄과 결합해 굳어진 치석은 양치질로는 제거할 수 없다.

흡연자의 발생 비율이 비흡연자보다 4배 정도 높으며, 당뇨병이 있을 경우 진행 속도가 더 빠르다. 세균에 의한 염증 반응으로 인해 심혈관 질환(동맥경화, 심근경색 등)의 원인이 될 수 있다.

증상

- 상당히 진행될 때까지 증상이 뚜렷하지 않아 치료 적기를 놓치기 쉽다.
- 염증 때문에 잇몸이 정상보다 더 붉은색을 띠고 잘 붓는다.
- 잇몸이 가렵거나 양치질을 할 때 피가 난다.
- 어느 정도 진행되면 잇몸 뼈가 녹아 이를 뽑아야 할 수도 있다.

예방과 치료

- 치석 제거: 통증이나 잇몸이 붓는 등의 증상이 없더라도 1년에 최소
  한 번은 스케일링을 통해 치석을 제거한다.
- 치태 제거: 잇몸 속까지 치태가 있는 경우 국소마취를 한 후 치근면활
  택술이나 치은연하소파술을 통해 치료한다.
- 한 번 이상 치주염이 발생한 적이 있는 경우, 3개월에 한 번씩 구강검
  진을 받는다.
- 1년에 1회 이상 구강검진을 받는다.
- 치주염 악화 요인인 흡연을 줄인다.

19. 우울증

원인

슬프거나 울적한 느낌이 신체적·인지적인 영향을 끼쳐 일상생활에 지장을 주는 상태를 말한다. 여성의 발병 확률이 남성보다 2배 정도 많으며, 중년기 이후 갱년기가 가장 많은 비중을 차지한다. 미국의 경우 성인 여성 5명 중 1명, 우리나라의 경우 전 인구의 5~10%가 평생에 한 번 이상 우울증에 걸린다는 조사 결과가 있을 정도로 흔한 질환이다. 심한 경우 자살로까지 이어질 수 있다.

증상

- 우울한 기분(슬프고 울적한 기분, 절망감, 공허감 등) 2주 이상 지속
- 비관적이고 부정적인 사고
- 잠을 잘 못 자거나 너무 많이 잠
- 피로감
- 식욕 감퇴, 체중 감소, 폭식, 체중 증가
- 의욕 상실, 죄책감, 무력감
- 자살에 대한 사고 혹은 시도
- 성욕 감퇴
- 기억력, 집중력 저하, 자신감 하락

- 원인불명의 소화기 장애, 만성통증, 두통 등
- 알코올 의존, 물질 중독, 게임 중독 등

이것만은 꼭 알아두자

예방과 치료

- 약물 치료: 우울한 기분과 의욕 상실이 2주 이상 지속되는 경우 정신과 전문의의 치료를 받는다.
- 상담 치료: 전문 심리상담사의 심리 치료를 받는다.
- 규칙적인 생활과 야외에서의 운동으로 기분을 전환한다.
- 가족이나 가까운 친구에게 속마음을 털어놓고 이야기한다.
- 사회적 활동과 취미활동을 한다.

20. 류마티스 관절염

원인

자가면역 이상에 의해 발생하며, 가족력, 바이러스 감염, 스트레스 등이 원인이 될 수 있다. 폐경기 여성의 발병률이 높은 편이다.

증상

- 자고 일어난 뒤 관절이 뻣뻣하고 통증이 느껴지고 움직이기 힘든 증상이 30분~1시간 지속된다.
- 피로감, 식욕 부진, 전신 쇠약감, 원인 모를 관절통이 수주~수개월 동안 나타난다.
- 한 군데 이상 관절의 부종, 통증, 열감이 발생한다.
- 관절을 만지면 아프고 움직임이 힘들다.
- 손가락 중간 마디와 손바닥 부위를 잘 침범하고, 손가락 끝마디 관절은 잘 침범하지 않는다.
- 손바닥에 홍반이 생기거나 손목을 뒤로 굽히기 어렵다. 손가락을 굽히는 데 장애가 생기기도 한다.
- 팔꿈치, 치골, 아킬레스건 등에 딱딱한 피하 결절 증상이 나타난다.
- 빈혈 증세가 나타난다.

- 심할 경우 심장, 폐, 눈, 신경, 간 등에 침범할 수 있다.

예방과 치료

- 비스테로이드성 항염제: 통증을 줄이고 염증을 가라앉힌다.
- 스테로이드제: 항염증 효과가 강력하지만 부작용 때문에 단기간만 사용한다.
- 항류마티스제: 관절염 진행 속도를 늦춘다.
- TNF 차단제: 류마티스 관절염을 일으키는 중간물질인 TNF를 차단해 염증 반응을 막는다. 기존의 항류마티스 약제에 반응하지 않는 류마티스 관절염에서 효과적이다.
- 운동: 염증이 덜해지면 근력 강화 운동을 하되, 관절염이 심할 때는 운동 강도를 낮춘다. 관절에 무리가 가지 않는 운동(수영, 걷기 등)을 한다.
- 휴식을 충분히 취한다.
- 등 푸른 생선: 불포화지방산이 풍부한 음식은 통증 완화에 효과적이다.
- 자극적인 음식 섭취 제한: 맵거나 짠 자극적인 음식, 기름진 음식을 줄인다.

알 려 주 세 요

영양제 vs 건강기능식품 vs 건강식품, 어떻게 달라요?

영양제

- 모든 종류의 식품보조제를 통틀어 가리킨다. (예: 비타민, 글루코사민, 오메가3, 홍삼 등)
- 체질과 질병에 따라 의사와 상의 후 섭취해야 한다.
- 많이 섭취해도 필요한 양만 흡수되고 배설되기 때문에 섭취량을 지켜야 한다.
예) 지용성 비타민인 비타민A, D, K를 과다 섭취할 경우 간에 무리를 줄 수 있다.
예) 당뇨병 환자가 글루코사민을 섭취할 경우 당 성분 때문에 혈당을 올릴 수 있다.
- 유통기한 이내에 섭취한다. 제조할 때 밀가루를 사용하거나 기름을 사용한 영양제 (예:오메가3 지방산)의 경우 오래 되면 상할 수 있다.
- 정식 수입품이 아닌 경우 (예:한국어 라벨 표시가 없는 제품) 유통기한과 보관상태에 유의한다.

건강기능식품마크

건강기능식품

- 식사를 통해 결핍되기 쉬운 영양소나 인체에 유용한 기능을 가진 원료나 성분(기능성 원료)을 사용하여 제조한 식품으로, 건강을 유지하는 데 도움을 주는 식품이다.
- 식품의약품안전처에서 동물시험, 인체적용시험 등 과학적 근거를 평가하여 인정한 기능성 원료로 만든 제품이다.

- 식품의약품안전처로부터 기능성과 안전성을 인정받고 철저히 관리를 받는다.
- 건강기능식품 마크가 붙어 있거나 별도 표시되어 있다.
- 용기와 포장에는 다음 사항이 표시되어 있다.

(건강기능식품에 관한 법률 제17조 표시기준)

• 건강기능식품이라는 문자 또는 건강기능식품임을 나타내는 도형
• 기능성분 또는 영양소 및 그 영양권장량에 대한 비율
• 섭취량 및 섭취방법, 섭취 시 주의사항
• 유통기한 및 보관방법
• 질병의 예방 및 치료를 위한 의약품이 아니라는 내용의 표현
• 그 밖에 식품의약품안전청장이 정하는 사항
• 의약품이 아닌 건강기능에 도움을 주는 식품이므로 상대적으로 효능은 약하다고 할 수 있으나 장기적 섭취 시에는 여러 가지 영향을 미칠 수도 있으므로 의료기관에서 진찰을 받고 있는 사람은 의사와 상의하여 섭취하는 것이 좋음.

건강식품

- 민간에서 전통적으로 건강에 유익하다고 알려진 성분이 들어간 식품을 말한다.
- 기능성 성분 함량이 적다.
- 식품의약품안전처 인증 기능성 마크를 표시할 수 없다.

미세먼지와 여성 건강

1. 미세먼지에 대한 정부 정책

우리 국민은 미세먼지의 반 이상은 발암물질이 섞인 중국의 황사 등의 영향으로 한반도를 뒤덮는다고 믿고 있다. 시진핑 정부는 과학적인 입증으로 무려 300편의 넘는 미세먼지 관련 과학 논문을 발표했다. 이와 달리 우리나라는 미세먼지 관련 논문은 1편에 그쳤다. 이렇다 보니, 정부 차원에서 명확한 저감 방안과 안심할 수 있는 대안을 제시하지 못한 채 막연한 추측이 난무하고 불확실

성까지 겹쳐 실생활을 더 불편하게 만들었다.

환경정책의 5개 부처인 환경부, 산업통상자원부, 국토교통부, 해양수산부, 농림축산식품부 역시 제각기 부처 안일주의에 빠졌고 애써 외면했다. 이는 환경 문제를 경제 문제로 결부시키는 것을 꺼렸기 때문이다. 나아가 미세먼지 저감 기술력 부재와 더불어 산업 현장마다, 비난의 화살을 받을 것을 두려워한 나머지 감추려고만 했다. 2015년 9월 터질 것이

터졌다. 폭스바겐 아우디 디젤 차량 배기가스 조작이 드러났고 최근에 석유화학단지 굴뚝 미세먼지 측정값을 조작해 큰 파장이 됐다.

미세먼지 배출원 '베스트 5'는 자동차 배기가스, 석탄 화력발전소, 소각장, 건설기계, 선박이다. 다급해진 정부는 미세먼지 관리 패러다임을 확 바꾸지 않고 이대로 방치할 경우, 엄청난 재앙이 불특정 다수에게 피해를 줄 수 있다는 위기의식이 촉발시켰다. 개별적인 오염물질 관리에서 통합적으로 관리로 전환했다. 아울러 일반 대기오염물질 중심에서 인체위해성 저감 중심으로 급선회하여 대응 기반을 바꿨다. 개별, 분산된 연구의 패러다임에서 체계적이며 통합적인 연구로 새로운 정책으로 못 박았다.

그래서 나온 비전은 '맑고 깨끗한 공기, 미세먼지 걱정 없는 대한민국'이다. 저감 시나리오의 주요 대책은 발전, 산업, 수송, 생활 부문을 체계화해서 2030년까지 미세먼지 배출 저감량을 최대 35%까지 확 줄인다는 계획이다.

[이거 알아요?]

〈고농도 미세먼지 7가지 대응 요령〉

1. 외출은 가급적 자제하기
• 야외 모임, 캠프, 스포츠 등 실외활동 최소화하기

2. 외출시 보건용 마스크(식약처 인증) 착용하기
• 보건용 마스크(KF80, KF94, KF99)

3. 외출시 대기오염이 심한 곳은 피하고, 활동량 줄이기
- 미세먼지 농도가 높은 도로변, 공사장 등에서 지체시간 줄이기
- 호흡량 증가로 미세먼지 흡입이 우려되는 격렬한 외부활동 줄이기

4. 외출 후 깨끗이 씻기
- 온몸을 구석구석 씻고, 특히 필수적으로 손·발·눈·코를 흐르는 물에 씻고 양치질하기

5. 물과 비타민C가 풍부한 과일·야채 섭취하기
- 노폐물 배출 효과가 있는 물, 항산화 효과가 있는 과일
- 야채 등 충분히 섭취하기

6. 환기, 실내 물청소 등 실내 공기질 관리하기
- 실내·외 공기 오염도를 고려하여 적절한 환기 실시하기
- 실내 물걸레질 등 물청소 실시, 공기청정기 가동하기(필터 주기적 점검·교체)
- ▶ 평시 환기 : 하루 3번 30분 이상, 대기 오염도가 높을 때는 자연 환기 또는 기계 환기 실시
- ▶ 조리 시 환기 : 주방 후드 가동과 자연 환기를 동시 실시, 조리 후에도 30분 이상 환기 실시

7. 대기오염 유발행위 자제하기
- 자가용 운전 대신 대중교통 이용

2. 미세먼지가 우리의 건강에 미치는 직간접적인 악영향

집 밖을 나서기 전에 습관처럼 하는 행동이 하나는 오늘의 미세먼지 농도 예보다.

공기질이 '나쁨' 으로 나오는 날이면 온 가족이 초비상이다. 면역력이 약한 갓난아이와 면역력이 떨어진 노약자는

집 밖을 나설 수가 없다. 이렇다 보니 경제활동률도 자연스럽게 낮아져 또 다른 경제 재앙으로 이어질 수밖에 없다. 가족과 함께하는 반려견까지도 영향을 미치고 있다.

한 여름 폭염이 기승을 부리고 하늘은 뿌옇게 변했는데 홈쇼핑에서 마스크가 불티나게 팔리고, 공기청정기가 대박을 치는 나라가 됐다.

미세먼지는 숨쉬는 모든 동물에게 고스란히 영향을 미친다는 연구보고서가 틀린 말이 아니다. 가히 충격적이다.

지금까지 과학적으로 입증된 미세먼지의 입자 정체는 자동차, 석탄화

력, 건설장비, 태우는 방식의 보일러 등에서 내뿜는 황산화물, 질소산화물 등의 유해성분이 있다. 더 큰 문제는 5대 중금속인 카드뮴, 납, 구리 등이 미세먼지와 함께 섞여 붙어 있는 것이다.

고농도의 초미세먼지는 공기 중에 둥둥 떠다니기 때문에 머리카락 굵기의 1/10의 초입자는 코, 구강, 기관지에서 걸러지지 않고 그대로 몸속으로 파고들어온다. 이는 폐로 들어가고 혈관을 타고 머릿속으로 심장, 각종 장기로 들어간다. 이는 화학반응을 일으키는데 어린아이는 물론 불특정 다수 남녀노소 막론하고 국민을 환자로 만들어버린다.

가뜩이나 메마른 도시생활에서 쉽게 흡입된 유해물질로 뭉쳐있는 미세먼지는 폐질환, 협심증, 뇌졸중, 심장마비를 일으키는 최악의 경우까지 초래하고 있다.

한국환경정책평가연구원(KEI) 연구 자료에 따르면, 초미세먼지 농도가 $10\mu g/m^3$ 증가할 때 호흡기 질환 입원 환자는 1.06% 증가한다고 밝혔다. 고령화 사회로 접어든 65세 이상 경우 무려 8.84% 늘어난다는 보고다. 국가 재정 부담으로 치달을 수 있는 원인이 하나 늘어난 꼴이다.

미세먼지가 반복적으로 쌓이면 어떻게 될까. 맑은 공기를 마실 수 있는 기회가 점점 줄어들어 몸 속에 산소 공급이 부족해 건강한 성인들도 예기치 못한 질환이 생길 수 있다.

그 증거로 한국건강보험공단에서 통계를 낸 자료에서도 심혈관 질환 발생 건수는 초미세먼지의 농도가 $10\mu g/m^3$ 증가할 때 심혈관 환자수가 전체 연령에서 1.18% 늘고, 65세 이상은 2.19% 증가한 것으로 나타났다.

한 술 더 떠 미국암학회는 초미세먼지 농도가 m^3당 $10\mu g$ 증가하면 심혈관 질환자 사망률이 12% 증가한다는 충격적인 자료도 내놓았다.

결국 미세먼지로 인해 폐암 발생 위험은 18%, 조기사망 확률이 7%씩 증가했다.

아이들이 바깥에서 뛰어놀 수 없으니, 창의력이 덩달아 떨어진다. 사회성을 키워야 하는데 이마저도 미세먼지가 발목을 잡게 된다.

최악의 나쁨의 예보가 야외활동을 하지 말라고 한다고 해서 실내는 안심존이 될 수는 없다. 출근길 집을 나서 직장까지 간 뒤, 퇴근 후 집으로 돌아오는 동안 비 한 방울도 맞지 않고 우산이 필요 없는 지하 생활, 실내문화가 발달했다고 해도 미세먼지를 피할 수 없다.

쾌적한 자연의 조건과 매우 흡사한 실내공간을 만들어 놓는다고 해도, 100% 천연의류가 아닌 이상 옷이나 신발, 실내마감재에서 뿜어져 나오는 유기성화학물질은 비산되는 먼지와 함께, 문 밖에서 들어오는 외부 공기에 결합하면서 실내에서 있는 이들의 코와 입으로 흡입되는 악순환이 되고 있다.

〈고농도 미세먼지 계층별 대응 요령〉

노인요양시설

단계별 예보 기준	대응 요령
1단계 고농도 예보	익일 예보 "나쁨" 이상(PM₁₀ 81μg/m³ 이상, PM₂₅ 36μg/m³ 이상) • 비상연락망, 안내문 등을 통한 예보 상황 및 행동 요령 공지 • 미세먼지 예보 상황 및 농도 변화 수시 확인(에어코리아 www.airkorea.or.kr), 우리동네대기질 모바일 앱 활용
2단계 고농도 발생	해당지역 인근 측정소의 시간당 미세먼지 농도가 "나쁨" 이상(PM₁₀ 81μg/m³ 이상, PM₂₅ 36μg/m³ 이상 1시간 지속) • 시설 담당자는 미세먼지 농도를 수시로 학인, 기관 내 상황 전파 • 어르신 대상 행동 요령 교육 및 실천(외출 자제, 외출시 마스크 쓰기, 도로변 이동 자제, 깨끗이 씻기 등) • 실외활동 자제 '실내생활 권고' 바깥공기 유입 차단 • 호흡기 질환 등 관심이 필요한 어르신 관리 대책 이행 • 실내공기 질 관리(물걸레질 청소 등)
3단계 경보	해당 권역 PM₁₀ 300μg/m³ 이상, PM₂₅ 75μg/m³ 이상 2시간 지속 • 시설 내 기계, 기구류 세척 등 식당 위생관리 강화
4단계 주의보	해당 권역 PM₁₀ 150μg/m³ 이상, PM₂₅ 150μg/m³ 이상 2시간 지속 • 질환자 파악 및 특별 관리(진료 등)
5단계 주의보, 경보 발령 해제	시·도 대기자동측정소의 미세먼지 시간당 평균 농도가 미세먼지 주의보, 경보 해제 기준에 해당하는 경우 • 주의보, 경보 발령 해제 시 조치사항 ▶ 주의보 PM₁₀: 100μg/m³ 미만, PM₂₅: 35μg/m³ 미만 ▶ 경보 PM₂₅: 150μg/m³ 미만, PM₂₅: 75μg/m³ 미만 - 기관별 실내·외 청소 실시 - 미세먼지 농도가 낮은 시간에 도로변 외의 창문을 통한 환기 실시

	- 환자 발생 여부 파악, 휴식 또는 조기 귀가
6단계 조치 결과 등 보고	관계기관은 담당자 현황 및 경보 조치 결과를 작성·보고 • 담당자 현황 - 보건복지부는 노인요양시설의 미세먼지 담당자 현황을 취합하여 환경부에 보고(3월, 9월) • 경보 조치결과 - 노인요양시설은 시·도 담당 부서에 보고 (경보 발령 후 7일 이내) - 보건복지부는 노인복지시설의 경보 조치 결과를 환경부에 보고(3월, 9월)

유치원, 초·중·고등학교

단계별 예보 기준	대응 요령
1단계 고농도 예보	익일 예보 "나쁨" 이상(PM$_{10}$ 81μg/m³ 이상, PM$_{25}$ 36μg/m³ 이상) • 보호자 비상연락망, 안내문 등을 통한 예보 상황 및 행동 요령 공지 • 익일 예정된 실외수업에 대한 점검(수업 대체 여부 검토 등) • 미세먼지 예보 상황 및 농도 변화 수시 확인 (에어코리아(www.airkorea.or.kr), 우리동네대기질 모바일 앱
2단계 고농도 발생	해당지역 인근 측정소의 시간당 미세먼지 농도가 "나쁨" 이상(PM 81μg/m³ 이상, PM$_{25}$36μg/m³ 이상 1시간 지속) • 담당자는 미세먼지 농도를 수시로 확인, 기관 내 상황 전파 • 원아·학생 대상 행동 요령 교육 및 실천(외출 자제, 외출시 마스크 쓰기, 도로변 이동 자제, 깨끗이 씻기 등) • 실외수업(활동) 자제(실내수업 대체), 바깥공기 유입 차단(창문 닫기, 최소한의 주기적 환기는 필요) • 호흡기 질환 등 관심이 필요한 원아·학생 관리대책 이행 • 실내공기 질 관리(물걸레질 청소 등)
3단계 경보	해당 권역 PM$_{10}$ 150μg/m³ 이상, PM$_{25}$ 75μg/m³ 이상 2시간 지속 • 실내수업(활동) 단축 또는 금지(실외 체육활동, 현장학습, 운동회 등을 실내수업(활동)으로 대체) • 시설 내 기계, 기구류 세척 등 식당 위생 관리 강화

4단계 주의보	해당 권역 PM10 300μg/m³ 이상, PM25 150μg/m³ 이상 2시간 지속 • 질환자 파악 및 특별 관리(진료 등) • 등 · 하교(원) 시간조정, 휴업 권고 (※조치 시 학생 보호대책 별도 마련)
5단계 주의보, 경보 발령 해제	시 · 도 대기자동측정소의 미세먼지 시간당 평균 농도가 미세먼지 주의보, 경보 해제 기준에 해당하는 경우 ▶ 주의보 PM10 : 100μg/m³ 미만, PM25 : 35μg/m³ 미만 ▶ 경보 PM25 : 150μg/m³ 미만, PM25 : 75μg/m³ 미만 • 주의보, 경보 발령 해제 시 조치사항 - 기관별 실내 · 외 청소 실시 - 미세먼지 농도가 낮은 시간에 도로변 외의 창문을 통한 환기 실시 - 환자 발생 여부 파악, 휴식 또는 조기 귀가
6단계 조치결과 등 보고	관계기관은 담당자 현황 및 경보 조치 결과를 작성 보고 • 담당자 현황 - 교육부(학교안전총괄과)는 노인요양시설의 미세먼지 담당자 현황을 취합하여 환경부에 보고(3월, 9월) • 경보 조치결과는 시 · 도 담당 부서에 보고 (경보발령 후 7일 이내) - 교육부(학교안전총괄과)는 유치원 · 학교(초 · 중 · 고) 경보 조치 결과를 환경부에 보고(3월, 9월)

3. 미세먼지가 많이 발생하는 곳은 어디?

환경부 산하 국립환경과학원은 국내 기준으로 초미세먼지 발생하는 장소 진원지를 자동차 22.8%, 토양성분 15.6%, 생체연료 및 소각 12%, 화석연료 11.9% 기타 6.3%라고 했다. 가장 위험한 부분은 일반 먼지가 떠다니면서 자동차 매연, 소각장에서 나오는 연기, 자동차도로에서 마모되는 타이어 가루, 굴삭기, 불도저 등 중장비에서 나오는 시꺼먼 배기가스, 중국에서 날아오는 모래바람의 황사 등에 의해 생성된 미세먼지가 합쳐져 자체적으로 화학 반응을 일으켜 초미세먼지로 돌변한다.

대한민국 수도 서울을 비롯해 부산광역시, 인천광역시, 울산광역시, 대

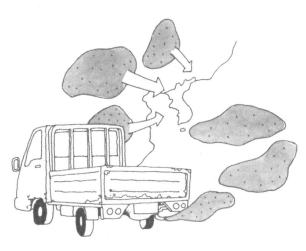

전광역시, 대구광역시, 광주광역시를 기준으로 살펴볼 필요가 있다.

대도시의 특징은 인구 밀집이다. 인구가 많다는 것은 에너지 소비가 많고, 자동차 운행이 많다는 증거다. 또한 배출되는 다양한 생활 먼지도 많다. 쓰레기 배출이 많다는 건 소각량도 많다는 뜻이다.

그뿐만 아니다. 경제활동을 해야 하기 때문에 소상공인, 자영업자의 각 매장에서 실내 인테리어나 리모델링 공사 과정은 물론, 신축건물, 공공주택 아파트 건설 과정에서 크고 작은 미세먼지가 비산될 수밖에 없다.

도심지를 벗어난 인근 제조 공장에서 배출되는 화석연료인 등유, 경유, 휘발유, 벤젠 등이 화학물질인 페인트와 결합됐을 때, 사람이 걷거나 뛰거나, 학교 교실이나 운동장에서 뛰어노는 아이들의 코와 입으로 그대로 마시게 된다. 도심의 지나친 화석 연료 사용 탓에 어느 곳에서든 안전지대는 없다.

봄철 꽃 개화 시기에 여러 가지 식물들이 뿌리는 꽃가루에서 미세먼지가 묻어나 호흡기로 들어간다. 집 안에서 이불이나 옷을 입는 과정에서도 바깥에서 유입되는 초미세먼지와 결합돼 가족들을 공격한다.

식당과 집 안에서 나오는 난방과 조리과정에서 나오는 그을음이 외부 미세먼지와 달라붙어서 호흡기에 해를 끼치는 현상이 반복되고 있다.

끊임없이 배출되는 자동차 배기가스는 도심 안팎에서 대기 흐름에 따라 초미세먼지와 섞이면서 농도는 짙어지고 사람을 무차별적으로 공격한다. 이렇다 보니, 대중교통망인 지하철, 버스도 안전지대가 아니어서 자유로울 수가 없다.

미세먼지의 가장 큰 주범 중 하나는 경유(디젤연료)다. 클린디젤은 사실상 없는 기술이다. 달리는 자동차의 경우 엔진에서 화석연료를 100% 태울 수 없다. 따라서 불완전연소인 '그을음'이 발생하는데, 이때 나오는 황산화질소와 질소산화물 등이 대기 중에서 화학반응을 일으켜 황산염과 질산염 같은 2차 미세먼지 생성물이 만들어진다. 버스를 기다리는 동안 무방비로 매연을 마실 수 밖에 없는 것이 사회교통망의 현실이다.

지하철 승하차시, 환승을 위해 계단을 오르고 내리는 동안, 지하철 스크린 도어가 열리고 닫힐 때마다 초미세먼지는 승객들의 입과 코로 그대로 글어가 폐 등에 그대로 쌓이게 된다.

특히 초미세먼지는 중국의 영향에서 자유로울 수 없다. 이미 서울의 초미세먼지 수치가 거대 도시인 뉴욕보다 무려 2배나 넘게 나왔다. 지리적으로 가까운 중국 서쪽 해안가에서 수십 개의 석탄화력발전소가 있고, 쓰레기 소각장만 수백여 개 달하는 것도 사실이다.

중국에서 한반도로 불어오는 편서풍을 타고 초미세먼지가 엄청난 양으로 우리나라로 유입되고 있다. 베이징에서 출발해 오후쯤이면 서울에서 그 입자를 마신다는 결론이다.

4. 미세먼지를 해결할 수 있는 방법

미세먼지는 국경이 없다. 남녀노소 누구를 막론하고 생활 속에 깊숙이 침투한 상태다.

2017부터 국민의 삶의 질 보고서에 나타난 것처럼 우리나라의 야외 초미세먼지 평균수치는 OECD회원국, 비회원국 등 전체 41개 나라 중 가장 나쁘게 나왔다.

아무리 마스크를 단단하게 쓴 채 집으로 귀가해도 현관문을 여는 순간부터 바깥에서 이미 듬뿍 묻어 있는 초미세먼지를 100% 제거하고 들어올 수가 없다. 집 안에서 옷을 갈아입는 동안에도 눈에 보이지 않는 초미세먼지는 집안에서 2차 오염을 시킨다.

공기청정기를 가동해도 사실상 큰 의미는 없다. 움직이는 동안 코와 입을 통해 그대로 들어오기 때문이다. 공기청정기만 믿는 맹신을 잊어야한다. 먼 미래의 이야기지만, 아파트 현관문에서 들어서면 반도체 첨단제조공장에서 쓰는 먼지흡입기를 설치하는 아파트가 기본 옵션으로 등

장할 날도 멀지 않았다.

일반 국민은 자가용보다는 대중교통을 이용하면 내 가족의 건강을 지키는 미세먼지 발생을 줄인다는 생각과 실천이 필요하다. 특히 대중교통을 이용하는 횟수만큼 에코마일리지의 생활화가 정착되어야 한다. 가령 스타벅스에서 커피를 마실 때 대중교통을 이용하는 카드를 제시하면 텀블러 제시와 함께 이중으로 할인하는 제도가 마련돼야 한다.

특히, 미세먼지 발생 원인이 되는 공사 현장, 제조공장, 소규모 비산먼지를 유발하는 크고 작은 사업장에서 주민감시망을 강화하는데, 일명 미세먼지 파파라치를 정책적으로 가동할 필요가 있다. 거리의 흡연도 미세먼지와 함께 악영향을 미치는 것도 현실이다. 모든 도로와, 연결된 보행자 길을 금연구역으로 지정해야 한다. 공공장소에서 흡연구역은 원천적으로 폐쇄시키고 불가피하게 설치된 것은 담배 연기가 외부로 새어나오지 않도록 공기정화 필터가 필수로 운영돼야 한다.

한 해 동안 전국적으로 소각되는 쓰레기 양은 1,500만 톤이 훌쩍 넘는다. 소각되는 쓰레기는 모두 재활용이 안 되거나, 재사용이 가능한 자원순환 차원에서 벗어난 분리 수거에서부터 문제가 있다.

리사이클링을 유도하는 다양한 정부와 지자체의 강력한 정책이 가동되고 있지만, 현실적으로 쓰레기를 배출하는 시민들이 미세먼지와 쓰레기의 연결점을 찾지 못하고 있다.

국내 모든 쓰레기는 매립이 반을 넘고 나머지는 소각과 재활용이다. 소각은 이미 언론에 보도된 것처럼 미세먼지를 배출하는 창구 역할을 했다.

재활용만 잘해도 지금보다 미세먼지 배출을 반으로 줄일 수 있다. 노후석탄화력발전소가 완전히 퇴출되고, 자동차가 수소 연료 전지차로 100%

바꿨다고 가정했을 때, 그래도 미세먼지가 하늘을 덮고 있다면 이것은 공사현장과 생활 속에서 버려지는 쓰레기를 태우는 과정에서 나오는 미세먼지 탓을 해야 한다.

장바구니에서 비닐봉지와 플라스틱을 빼고 장을 볼 수 있는 인센티브와 함께 생산자와 녹색 라이프 스타일을 위한 대변환의 시대로 가야 한다. 가정에서 직장에서 폐비닐, 폐플라스틱이 전혀 배출되지 않는다면, 결국 미세먼지 제로화가 실현된 클린 대한민국이 될 수 있다.

진정한 녹색 소비의 미덕은 얼마만큼 자연을 망치고 우리 가족을 병들게 하는 원인을 막을 수 있느냐 하는 것이다. 그 미세먼지 없는 새로운 세상을 만들 수 있을 것이다.

[이거 알아요?]

고농도 미세먼지 단계별 대응 요령

1. 가급적 외출 자제하기
2. 외출시 보건용 마스크 착용하기
3. 외출시 대기오염이 심한 도로변, 공사장은 피하고 활동량 줄이기
4. 대기오염 유발 행위 자제하기(대중교통 이용 등)
※ 고농도시에도 최소한의 주기적 환기는 필요

1. 에어코리아(www.airkorea.or.kr),

   우리동네대기질 모바일 앱 활용 미세먼지 농도 수시 확인
2. TV방송(기상예보) 미세먼지 확인
3. 차량 2부제 대비 교통수단 점검하기
4. 보건용 마스크(KF80, KF94, KF99) 준비하기

1. 홀수날에는 홀수 차량이, 짝수날에는 짝수 차량이 운행
2. 서울시 공공기관 주차장 폐쇄, 체육 · 문화 · 의료시설 주차

   장은 차량 2부제 (인천, 경기 자율 참여)

※ 문의 : 02-120 서울시 다산콜센터

〈영유아 · 학생 · 어르신〉

1. 실외 수업(활동) 단축 또는 금지
2. 이용시설 내 기계, 기구류 세척 등 식당 위생관리 강화

〈일반 국민〉

1. 가급적 외출 자제하기
2. 외출시 보건용 마스크 착용하기
3. 외출시 대기오염이 심한 도로변, 공사장은 피하고 활동량

   줄이기
4. 대기오염 유발 행위 자제하기(대중교통 이용 등)

※ 마스크 착용 시 호흡이 불편한 경우 사용을 중지하고

   전문가 상담 필요

〈영유아 · 학생 · 어르신〉

1. 등 · 하교(원) 시간 조정, 휴교(원) 조치 검토
2. 질환자 파악 및 특별 관리(진료, 조기 귀가 등)

〈일반 국민〉

1. 가급적 외출 자제하기

2. 외출시 보건용 마스크 착용하기

3. 외출시 대기오염이 심한 도로변, 공사장은 피하고 활동량 줄이기

4. 대기오염 유발 행위 자제하기(대중교통 이용 등)

※ 마스크 착용 시 호흡이 불편한 경우 사용을 중지하고 전문가 상담 필요

1. 외출 후 깨끗이 씻기

2. 물과 비타민C가 풍부한 과일 · 야채 섭취하기

3. 실내 공기 질 관리하기

- 실내 · 외 공기 오염도를 고려하여 적절한 환기 실시하기

- 실내 물걸레질 등 물청소하기

5. 생활 속에서 미세먼지 발생을 줄이는 방법

　전 국민의 최대 관심사가 된 미세먼지와의 전쟁이 선포된 후, 다양한 아이디어와 의견들이 쏟아졌다. 가장 손쉬운 방법·방식·발상의 생각들이 제안되고, 언론의 보도에 따른 의견들이 넘쳐났다.

　이 가운데 정부가 추진하려는 정책 중 실행 가능한 항목을 보면, 대중교통 활성화 대책이 가장 많이 나왔다. 그 다음으로 매연 등 배기가스를 무분별하게 쏟아내는 운행차량을 법적으로 막을 수 있는 대안과 방법을 제시하는 의견도 나왔다.

　미세먼지 유발을 막는 친환경 소재 개발이 이뤄져야 한다는 의견과 함께 국내를 넘어 한·중·일 공동으로 제도적인 개선이 필요하다고 한 목소리다. 이 중 법 규제는 마련됐지만, 현실적으로 실천을 하지 않고 있는 것에 대한 미세먼지 특별법을 더 강화해야 한다는 목소리가 높았다.

　이미 미국, 유럽, 일본 등 해외 선진국은 스모그 등으로 수백만 명이 조기 사망한 사례를 근거로, 이들 국가들이 미세먼지 감축과 관련한 모범 사례들을 국내 실정에 맞게 대안을 찾아야 한다는 의견도 많다.

대표적인 사례를 들어본다. 인구 초과밀 대도시의 경우, 밀집된 주거공간과 매우 가까운 일반도로, 간선도로, 고속도로에 설치된 방음벽에 공기 정화 식물을 심자는 의견이다. 고층건물에 헬리콥터 이착륙 공간처럼 미세먼지 흡입장치를 설치하고 건물 외벽에 공기 정화 식물을 설치해 식물의 힘을 빌려 정화하는 방법이다.

우리나라는 터널이 많은데 지금까지의 터널 환기 기능은 배출 방식이었다. 이제는 매연 등 미세먼지를 강제 배출하는 방식에서 필터링 정화장치로 전환해야 한다. 공동주택 아파트 경우는 모든 옥상에 식물녹화를 의무화하고 지상 주차공간을 녹지로 바꾸는 데 지원이 필요하다.

크고 작은 공사 현장, 소규모 제조공장을 비롯해 인테리어공사에서 배출되는 휘발성 유기 화합물 또는 재비산먼지 등을 감축시키는 방안을 의무적으로 알리는 제도 개선이 필요하다. 아울러 내 집 주변, 내 직장, 내가 가는 지역에 스마트폰으로 미세먼지 현재 농도를 전송하는 시스템도 갖춰야 한다.

연료비를 아끼기 위해 많이 쓰는 화목보일러 규제도 필요하다. 기름 등 중금속이 오염된 목재를 땔감용으로 태우는데, 이때 발생하는 매연이 대기중으로 비산돼 주민들의 건강을 위협하고 있다.

그 외 도심지 외곽에 시설 재배와 축산 농가가 많다. 다량·대량 생산을 위해 막대한 화학비료와 농약 사용이 불가피하다. 균형적인 식생활이 미세먼지를 줄이는 또 하나의 방법이다.

그뿐만이 아니다. 정부가 추진하는 소규모 창업 푸드트럭도 개선돼야 한다. 서울 460여 대를 비롯해 전국적으로 1천여 대가 넘게 푸드트럭이 영업 중이다. 푸드트럭들은 자체 전력 생산을 위해 경유 등 발전기를 가동하는데 미세먼지 발생 규제의 사각지대다. 친환경적인 전력 생산으로 전환해야 한다.

그 외 친환경 자동차 보급을 확대 및 LPG택시에서 전기차까지 선택의 폭을 넓혀야 한다.

가장 심각한 것은 도심 교통망이다. 도로에서 나오는 다양한 비점오염원 발생에 손을 놓고 있었다. 엔진의 각종 오일을 비롯해, 타이어 마모, 브레이크 등에서 비산되는 도로 적체먼지는 상상 이상으로 수치가 높다. 바람이 부는 날이면 도로와 가까운 아파트와 사무실과 보행자에게 무방비로 흡입되는 실정이다. 따라서 도로 미세먼지 저감 차원에서 주기적인 살수차 운행과, 도로 가장자리에 자동으로 물을 뿌리는 장치가 필요하다.

마지막으로 4차 산업혁명 시대에 맞춰 교통신호 체계 개선도 시급하다. 현재의 교통 신호체계는 고정화된 신호체계로서 불필요한 신호 대기 시간이 길다. 통행량에 따라 신호등이 자동으로 교통량을 감지해 불필요한 정차시간이나 대기시간을 줄여야 미세먼지를 낮출 수 있다.

바이러스 대처법

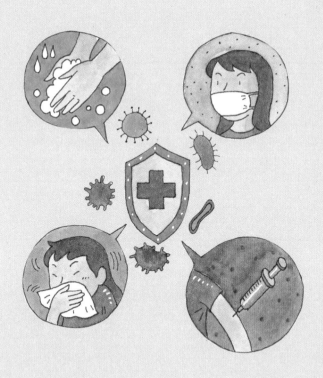

세균과 바이러스, 어떻게 다를까?

미생물이 인간의 몸속에 침입하여 이상 증세를 일으키는 것을 통틀어 감염병이라고 한다. 미생물에는 세균, 바이러스, 기생충 등이 있다.

세균(박테리아)

- 바이러스보다 크기가 크다.
- 핵(DNA), 인지질, 세포 내 소기관, 세포벽으로 이루어져 있다.
- 숙주 없이 스스로 증식한다.
- 세균 감염 → 항생제로 치료

- 항생제 개발이 비교적 쉽다.

바이러스

- 세균의 1/50~1/100 크기이다.
- 핵산(DNA, RNA)과 단백질로 이루어져 있다.
- 숙주(인간, 동물, 세균)를 통해 증식한다.
- 바이러스 감염 → 항바이러스제로 치료
- 변이 속도가 빨라 항바이러스제 개발이 어려운 편이다.
예)메르스 바이러스의 경우 아직 항바이러스제가 개발되지 않아, 감염
이 되어도 보존 치료(장기 기능 유지를 위한 치료)만 할 수 있을 뿐이다.

일상을 위협하는 7가지 바이러스 질환

1. 신종 플루

인간, 돼지, 조류의 유전자가 복합적으로 변종된 인플루엔자 바이러스 감염으로 인한 호흡기 질환을 말한다.

증상

- 감기와 비슷하며 급성 호흡기 질환을 보인다.
- 치료제: 타미플루 (일부 사례에서 부작용이 보고되고 있음)
- 발병 후 28시간 이내에 투약해야 한다.

신종 플루 3가지 환자군

1. 의심 환자
- 콧물, 코 막힘, 인후통, 기침, 발열, 열감 중 2가지 이상의 증상을 보이는 사람
- 7일 이내에 추정 환자 혹은 확진 환자와 접촉한 사람
- 7일 이내에 확진 환자 발생 지역에 방문했다가 귀국한 사람

2. 추정 환자

- 위 증상을 포함한 급성 호흡기 질환이 있는 사람
- 인플루엔자A로 확인되었으나, 사람 인플루엔자 H1과 H3는 음성인 환자

3. 확진 환자

- 급성 호흡기 질환이 있는 사람
- RT-PCR이나 배양 방법에 의해 신종플루 바이러스인 것으로 판명된 환자

2. 인유두종 바이러스

우리나라 여성의 30% 이상이 감염 경험이 있고, 건강한 성생활을 하는 여성 10명 중 8명이 평생 한 번 이상 걸리는 흔한 바이러스이다.

발견된 종만 200가지가 넘는다. 그중 피부 표면에 감염되는 종과 생식기 점막 부위에 감염되는 종이 있다. 사마귀를 남기는 종도 있고, 아무런 증상과 흔적을 남기지 않는 종도 있다. 단, 피부 표면 감염으로 생긴 사마귀는 전염성이 없는 반면, 생식기 감염으로 생긴 사마귀는 전염성이 높다. 편평사마귀, 족저사마귀, 손톱사마귀, 심상성사마귀, 성기 곤지름, 항문 곤지름, 자궁경부 이형성중, 후두유두종 등 다양한 질환이 있다. 감염된 사마귀 부위를 치료해도 다시 재발하는 경우가 많다.

인유두종 바이러스에 감염된 어머니가 아이를 출산할 때 아이에게 전염시킬 가능성이 있으므로, 산도에 감염된 경우 제왕절개로 출산하는 것

이 좋다.

편평사마귀 치료

인유두종 바이러스(Human Papilloma Virus, HPV) 감염에 의해 피부에 발생한 증식조직을 편평사마귀라고 한다. 사마귀 형태는 피부 표면에 2~4mm 정도 크기로 볼록하게 튀어나와 있고 윗부분은 편평하다. 이마, 턱, 코, 목, 가슴, 배, 등, 손발 등에 발생한다.

치료방법에는 다음과 같은 종류가 있으며, 조직만 제거하지 않고 바이러스까지 근본적으로 없애는 치료가 뒤따라야 한다. 신체 면역력이 떨어질 때 감염되기 쉬우므로, 면역력을 키워 바이러스가 소멸할 수 있는 인체 환경을 만드는 것이 중요하다.

- 레이저 치료: 레이저로 사마귀 조직을 직접 태우는 방법
- 냉동 치료: 액화 질소를 사용하여 조직을 괴사시키는 방법
- 외용제 치료: 화학적으로 조직을 녹이는 방법

3. 헤르페스 바이러스

전 세계 성인의 60~90%는 감염 경험이 있을 정도로 흔한 바이러스 질환이다. 미국의 경우, 12세 이상 청소년 및 성인 인구 중 5명 중 1명의 비율로 감염된 적이 있으며, 여성의 감염 확률이 남성보다 높은 편이다.

한 번 감염되면 완전히 제거되지 않고 인체에 잠복해 있다가 면역력이 떨어지면 다시 활성화되어 증상을 일으킨다. 대표적인 증상은 단순포진으로, 입술 주변, 구강, 성기 주변 등의 피부 표면에 군집성 물집과 가려움증을 일으킨다. (⇒3장 15. 단순포진 참조)

항바이러스제 연고, 알약, 정맥주사 등으로 증상을 완화시키는 치료 외에 헤르페스 바이러스를 완치시키는 치료제는 아직 개발되지 않았다. 따라서 평소 면역력이 떨어지지 않도록 관리하는 것이 중요하다.

증상

- 피부 점막 감염 : 입술 헤르페스, 성기 헤르페스, 헤르페스 손끝염, 헤르페스 습진 등
- 태아와 신생아 감염증
- 중추신경계와 말초신경계 감염증
- 주요 증상: 물집, 통증, 가려움증, 발열, 피로감 등
- 재발 원인: 과로, 피로감, 스트레스, 열, 추위 노출, 면역력 저하, 성적 접촉, 상처, 신경 손상, 생리

4. 노로 바이러스

겨울철 식중독의 50% 이상을 차지하는 원인균으로, 주로 겨울에 발생

하여 학교나 어린이집, 집단시설 등에서 단체 식중독을 일으킨다.

노로 바이러스에 오염된 음식이나 물을 섭취한 경우 감염되며, 씻지 않은 손, 문고리, 손잡이, 수도꼭지 등의 접촉을 통해서도 감염된다. 12~48시간의 잠복기를 거쳐 증상이 나타난다.

증상

설사, 복통, 구토, 발열, 오한

예방 방법

- 음식 조리하기 전, 식사 전, 외출 후, 기저귀를 간 후 등 수시로 흐르는 물에 30초 이상 비누로 손을 씻는다.
- 채소, 과일을 깨끗이 씻어 먹는다.
- 물을 끓여 마신다.
- 해산물, 육류 등은 충분히 가열하여 먹는다.

대처법

- 감염 환자는 어린이집, 학교, 회사, 단체시설 등 공공장소에 가지 않는다.
- 환자가 접촉한 물건, 손잡이, 수도꼭지, 화장실 등은 깨끗이 소독한다.

- 음식물을 다루거나 다른 사람과 접촉하는 일을 하지 않는다. 설사, 구토 등의 주요 증상이 없어졌다 하더라도 이후 3일까지는 하지 않는다.
- 환자는 가급적 가족과 다른 방에서 격리하여 지내도록 하며, 수건 등도 따로 쓴다.
- 환자가 있는 집에 손님이 방문하지 않도록 하며, 완쾌된 후에는 집 안을 소독하고 최소 3일 이후에 방문하도록 한다.
- 환자와 가족 모두 손을 자주 씻는다.

5. 로타 바이러스

설사와 구토 등의 증상을 나타내는 식중독의 원인이 되는 바이러스로, 특히 영유아가 많이 걸린다. 로타 바이러스에 오염된 음식물이나 물을 섭취한 경우, 환자와 직 · 간접적으로 접촉한 경우, 감염된 사람이 만든 음식을 섭취한 경우 등 주로 음식물과 사람을 통해 전염된다.

증상

- 묽고 흰 물 설사, 심한 구토
- 발열, 기침, 콧물 등 감기와 비슷한 증상

예방 방법

- 로타 바이러스 예방주 : 생후 6주 이후면 예방백신 접종이 가능하다.
- 식사 전, 화장실 갔다 온 후, 외출 후 등 수시로 흐르는 물에 30초 이상 손을 씻는 습관을 들인다.
- 물은 끓여 마신다.
- 육류, 해산물 등 음식물을 가열하여 먹는다.
- 환자가 사용하거나 접촉한 모든 물건은 소독한다.

6. 메르스 바이러스

중동 호흡기 증후군(메르스, MERS: MiddleEast Respiratory Syndrome)을 일으키는 코로나 바이러스의 변종 바이러스로, 2012년 중동 지역에서 발생하여 전 세계적으로 발병하였다. 우리나라에서는 2015년 5월 첫 감염자가 발생한 후 186명의 환자가 발생했고 그중 38명이 사망했다. 2018년 9월 또 다시 환자가 발생했다가 10월에 상황이 종료된 바 있다.

환자가 기침 등을 할 때 나오는 침을 통해 공기 중으로 전파되며, 2~14일의 잠복기를 거쳐 증상이 나타난다. 잠복기 중에는 증상이 나타나지 않고 전염성도 없다. 치사율이 높으며 아직 감염경로가 알려지지 않았고 치료제, 백신이 개발되지 않았다.

증상

- 호흡기 증상: 기침, 고열, 호흡 곤란, 가래
- 소화기 증상: 구토, 설사, 복통
- 두통, 오한, 콧물, 근육통
- 합병증: 폐렴, 급성호흡부전, 급성신부전 등

예방 방법

- 기본적으로 손 씻기 등 감염병 예방수칙을 지킨다.
- 기침이나 재채기를 할 때 옷소매나 손수건으로 코와 입 가리기는 등 기침 예절을 지킨다.
- 호흡기 증상이 있을 때는 마스크를 착용한다.
- 발열이나 호흡기 증상이 있는 사람과의 접촉을 삼간다.
- 노인(65세 이상), 어린이, 임산부, 면역력 저하 상태의 만성질환 환자 (암, 고혈압, 당뇨, 심혈관 질환, 호흡기 질환)의 경우 중동지역 여행을 삼간다.
- 중동지역을 방문한 경우 귀국 14일 이내에 발열, 호흡기 질환 등이 있을 경우 의료기관에서 검진을 받는다.

7. 지카 바이러스

지카 바이러스(Zika virus)는 1947년 아프리카 우간다의 지카 숲에서 최초로 발견된 바이러스로, 주로 이집트숲모기에 의해 전파되며 공기 전염은 일어나지 않는다.

최근에는 태아의 소두증(두개골이 너무 빨리 봉합되거나 커지지 않고 뇌 발달이 지연되어 머리 둘레가 정상인보다 작고 뇌 발육도 정상적이지 않은 질병)을 유발할 가능성이 제기되고 있으나 추가 연구가 필요하며, 지카 바이러스에 감염된 임신부가 무조건 소두증 아이를 출산하는 것은 아니다.

우리나라에서는 2016년에 확진자가 발생한 바 있으며, 브라질을 방문했다가 모기에 물려 감염된 것으로 알려졌다. 당시 발열과 발진 증상으로 의료기관을 찾았다가 지카 바이러스 양성 판정을 받았으나 이후 회복되었다.

아직까지 치료제와 백신이 개발되지 않았다. 해외에서 이집트숲모기에 물려야 감염될 가능성이 있으나, 드물게는 수혈이나 성적 접촉을 통해서도 감염될 수 있다.

증상

- 이집트숲모기에 물린 후 2~7일 후 증상이 나타난다.
- 미열, 피부 발진, 두통, 관절통, 눈의 충혈이나 결막염

- 감염되어도 증상이 나타나지 않거나, 경미한 증세가 3~7일 진행된다.

위험 지역

질병관리본부 홈페이지(www.cdc.go.kr), 해외여행 질병정보센터 (travelinfo.cdc.go.kr)를 통해 최근 발생 국가를 알아볼 수 있으므로 해외여행 전에 참고한다.

- 중남미(가이아나, 과들루프, 과테말라, 도미니카공화국, 마르티니크, 멕시코, 바베이도스, 베네수엘라, 볼리비아, 브라질, 세인트마틴섬, 수리남, 아이티, 에콰도르, 엘살바도르, 온두라스, 콜롬비아, 파나마, 파라과이, 푸에르토리코, 프랑스령 기아나, 미국령버진아일랜드)
- 아프리카
- 태평양(사모아)
- 동남아시아(싱가포르, 태국, 몰디브 등)

예방 방법

- 해외여행 후 2주 이내에 발열, 발진, 관절염, 눈 충혈 등의 증상이 나타나면 의료기관을 방문하여 진단받는다.
- 지카 바이러스 유행 국가를 다녀온 경우 증상이 없더라도 입국 시 검역관에게 신고한다.
- 임신부는 지카 바이러스 발생 국가로의 여행을 자제한다.
- 지카 바이러스 감염증 발생국가로 여행을 할 때는 방충망이나 모

기장이 있는 숙소를 사용하고, 모기 기피제를 사용하고, 긴팔 의류를 착용한다.

- 증상이 없더라도 귀국 후 한 달 가량은 헌혈을 하지 않는다.

바이러스 예방을 위한 기본 수칙 10가지

1. 손 자주 씻기

- 손 씻기는 모든 감염병 예방에서 가장 기본적이고 중요한 수칙이다. 손만 잘 씻어도 바이러스 감염을 대부분 예방할 수 있다.
- 외출에서 귀가한 직후, 기침한 후, 코를 푼 후, 배변 후, 식사 전에 반드시 손을 씻는다.
- 1)흐르는 물에
  2)비누를 사용하여
  3)30초 이상 씻는다.
- 손가락, 손목, 손바닥, 손등까지 꼼꼼히 씻는다.

2. 마스크 착용하기

- 독감 등 바이러스 감염병이 유행할 때는 가급적 마스크를 착용한다.
- 일회용 마스크는 한 번만 쓰고 버린다.

3. 물과 음식물은 끓이거나 익힌 다음에 섭취하기

- 음식물은 쉽게 상하므로 시킨 다음에 먹거나 너무 뜨거운 음식물은
  입안에 상처를 줄 수 있다.

4. 기침 예절 지키기

- 기침이나 재채기를 할 때는 손이나 팔로 입을 가린다. 이는 마스크를
  쓸 때와 비슷한 효과가 있다.

5. 사람이 많은 장소 피하기

- 바이러스 감염병이 유행할 때는 사람이 많은 장소에 있는 시간을 가
  급적 줄이고, 다른 사람과 1미터 이상 거리를 유지한다.

6. 수건, 칫솔을 같이 쓰지 않기

- 가족구성원이라 하더라도 수건, 칫솔을 공용으로 사용하지 않는다.

7. 바이러스 소독하기

- 바이러스 감염병 환자가 접촉한 물건은 소독한다. 또한 환자가 회복된 후에도 집 안을 전반적으로 소독한다.
- 열 소독: 바이러스는 섭씨 56도 이상의 열로 소독되므로 끓여서 소독한다.
- 염소 소독: 바이러스는 염소 농도 0.1㎎/L에서 소독되므로, 가정용 염소계 표백제나 소독제를 희석하여 소독한다.

8. 해외여행 가기 전 감염병 정보 확인하기

- 최근 바이러스 감염병의 대부분은 해외에서 유입되는 경우가 많으므로 해외여행 시 주의한다.
- 질병관리본부 홈페이지(cdc.go.kr)에서 국가별 유행 감염병 관련 정보와 예방법을 확인한다.
- 해외여행을 다녀온 후 기침, 발열 등 이상증상이 나타날 경우 질병관리본부 콜센터(☎1339)를 통해 상담하고 의료기관을 방문한다.
- 의료기관 방문 시 여행력을 알린다.

9. 백신 접종하기

- 바이러스 감염 예방을 위한 가장 기본적인 방법은 백신 접종이다.
- 백신은 우리 몸의 면역체계가 바이러스를 방어할 수 있도록 한다.

〈백신의 종류〉

1. 약독화 생백신: 바이러스 병원체를 약화시켜 만든 백신으로, 바이러스의 감염성을 제거한다.

   (예 : 홍역, 풍진)

2. 비활성화 백신 : 병원체의 활동을 중지시켜 만든다.

   (예 : 독감, 파상풍)

3. 유전자 재조합 백신 : 병원체의 유전자 활동을 억제하여 만든다.

   (예 : B형 간염)

〈백신 접종이 반드시 필요한 사람〉

- 불특정 다수의 사람들과 접촉하는 직업군

   (예 : 의사나 간호사 등 의료진, 비행기 승무원, 광관 안내원)

- 영유아 및 영유아가 있는 집의 가족구성원 모두

〈예방 접종의 종류〉

 국가예방접종

국가 예방접종은 국가가 권장하는 예방접종으로 국가는 '감염병의 예방 및 관리에 관한 법률'을 통해 예방접종 대상 감염병과 예방접종의 실시기준 및 방법에 관한 권장사항을 정하고 있습니다.

국가 예방접종은 보건소와 의료기관에서 접종 가능 합니다.

- 결핵(BCG, 피내접종)
- B형간염(HepB)
- 디프테리아/파상풍/백일해 (DTaP)
- 파상풍/디프테리아(Td)
- 파상풍/디프테리아/백일해 (Tdap)
- 폴리오 (IPV)
- 디프테리아/파상풍/백일해/폴리오 (DTaP-IPV)
- 디프테리아/파상풍/백일해/폴리오/b형 헤모필루스 인 플루엔자(DTaP-IPV/Hib)
- b형 헤모필루스 인플루엔자 (Hib)
- 폐렴구균(PCV, PPSV)
- 홍역/유행성이하선염/풍진 (MMR)
- 수두 (VAR)
- A형간염(HepA)
- 일본뇌염 (IJEV, 불활성화 백신)
- 일본뇌염 (LJEV, 약독화 생백신)
- 사람유두종바이러스 (HPV)
- 인플루엔자 (IIV)
- 장티푸스 (ViCPS, 고위험군 대상)
- 신증후군출혈열 (HFRS, 고위험군 대상)

 기타예방접종

기타 예방접종은 국가지원 대상 외에 의료기관에서 받을 수 있는 예방접종입니다.

- 결핵 (BCG, 경피접종)
- 로타바이러스(RV)
- 수막구균(MCV4)
- 대상포진(HZV)

(출처 : 질병관리본부)

10. 면역력 키우기

- 우리 몸은 기본적으로 바이러스와 세균 등의 공격을 막는 면역체계를 가지고 있으나, 면역력이 약해질 경우 이 면역체계도 무너진다. 따라서 평소 면역력을 키우는 것이 감염병 예방의 기초이다.

- 면역력 유지 4요소

1) 규칙적인 생활패턴
2) 규칙적이고 균형 잡힌 식사습관: 풍부한 과일과 채소, 발효식품 섭취
3) 7시간 이상의 충분한 수면
4) 규칙적인 운동
- 적절한 야외활동: 평소 적절한 야외활동을 통해 햇빛을 쬐면 체내 비타민D와 호르몬 분비 체계를 정상화시켜 면역력을 키울 수 있다.

자녀들의 건강 관리

1. 자녀들의 건강을 해치는 환경호르몬

환경호르몬이란?

현대인이 일상생활 속에서 접하는 합성화학물질 중 인체 내 호르몬 작용에 악영향을 끼치는 물질을 통틀어 '환경호르몬' 이라고 부른다. 10만 종이 넘는 합성화학물질 중 환경 호르몬으로 분류된 물질은 약 100종 이상이다.

환경호르몬 종류

중금속, 계면활성제, 농약(살충제, 제초제 포함), 다이옥신, 플라스틱 원료 등

환경호르몬이 특히 영유아와 어린이에게 위험한 이유

같은 양과 농도의 환경호르몬에 노출된다 하더라도 태아와 영유아의

경우 미세량, 미세농도에 의해서도 영향을 받을 수 있다. 특히 인체 내에 축적된 환경호르몬이 당장은 영향을 끼치지 않다가 청소년이나 성인이 되었을 때 각종 질환을 발생시키기도 하며, 세대를 거쳐 유전적으로 전달될 수도 있다는 점에서 위험하다.

어떤 경로로 환경호르몬에 노출되나?

- 음식

환경호르몬에 한 번 오염된 식물, 동물, 어류는 먹이사슬을 통해 인간의 체내에 흡수된다. 또한 플라스틱 용기 등 식품을 담는 용기에 의해, 조리과정 중의 화학작용에 의해 흡수될 수 있다.

- 공기와 물

현대사회에서는 이미 공기와 물에 다양한 환경호르몬들이 혼합되어 존재한다. 담배연기, 자동차 매연, 환경오염 지역의 지하수 등에 환경호르몬이 함유되어 있다.

환경호르몬으로 인한 질병 어떤 것이 있나?

- 생식기관 질환

체내 축적된 환경호르몬은 갑상선, 시상하부, 생식기관, 외하수체 등에 영향을 끼칠 수 있다. 특히 대다수의 환경호르몬은 우리 몸의 호르몬 중 하나인 에스트로겐과 비슷한 작용을 하는데, 이러한 영향을 가장 많이 받는 기관은 생식기관이다. 그 결과 남아의 정자수 감소나 생식기 이상, 전립선 질환 등, 여아의 경우 성조숙증, 생식기관 암, 자궁 질환, 불임 등을 야기할 수 있다.

- 원인 불명의 만성 질환

환경호르몬은 정확한 원인을 알 수 없는 다양한 만성 질환의 원인으로 작용한다. 특히 당뇨병, 갑상선 질환, 고혈압, 심혈관 질환 등 대사 질환에 영향을 끼친다.

- 다양한 면역 질환

환경호르몬은 인체 내분비계 혼란을 초래하여 각종 발달장애, 뇌질환, 면역 질환에 영향을 끼친다.

- 소아 비만

환경호르몬의 상당량은 인체의 지방에 축적되는 특성이 있다. 따라서 환경호르몬이 현대인의 비만에도 영향을 끼칠 것으로 추정하고 있다. 인체의 지방조직에 축적되는 환경호르몬은 체내 배출이 잘 되지 않고 먹이사슬의 상위권인 인간에게서 가장 크게 농축되는 특성이 있다. 비만의 원인이 되는 물질로는 농약 성분, 다이옥신, 비스페놀A, PCBs, 불소 화합물, 중금속, 브롬화 방염제 등이 있다.

환경호르몬 노출, 어떻게 관리하나?

- 플라스틱 사용을 줄인다: 플라스틱 용기나 일회용 용기를 전자레인지에 돌리거나 뜨거운 음식물을 담아 먹지 않는다. 중금속에 노출될 수 있는 통조림 음식 섭취를 줄인다.

- 세제나 생활용품을 친환경 원료로 바꾼다.

- 환경호르몬은 인간과 동물의 지방에 저장되는 경우가 많으므로 육류와 동물성 식품을 줄이는 것이 좋다.

- 환경호르몬 배출을 돕는 음식을 섭취한다: 식이섬유가 많은 곡식과 채소(예 : 현미를 비롯한 통곡물, 녹황색 채소), 가공식품보다는 자연식품.

2. 급증하는 아토피 피부염

아토피 피부염 비율

국민건강보험공단의 2010~2014년 진료비 분석 결과에 따르면 국내 아토피 환자 중 영유아가 차지하는 비율은 35%에 이르렀다. 그만큼 최근 들어 영유아의 아토피 질환이 사회적 문제가 되고 있다.

국내 연구진의 연구 결과(한림대성심병원 피부과 박천욱·김혜원 교수 연구팀)에 의하면 환경호르몬이 피부의 수용체와 결합해 아토피 피부염 등 다양한 질환을 발생시키는 것으로 밝혀졌다.

아토피 피부염이란?

아토피 피부염은 인체 면역세포가 외부 자극에 비정상적으로 반응하여 피부의 보호막이 망가지면서 나타나는 염증성 피부 질환을 말한다. 피부가 알레르기에 약해지고 세균에 잘 감염되어 염증이 유발되고 잘 낫지 않는다.

최근 환경호르몬에 의한 오염이 심해지며 영유아 아토피 환자들이 늘고 있는 추세다. 특히 예전에는 영유아 시기에 아토피를 앓았더라도 그 중 5% 정도만 성인까지 아토피가 이어졌던 반면, 최근에는 영유아 때 아토피를 앓았던 사람의 40% 정도가 성인이 되어서도 아토피를 앓는다는 조사 결과가 있다. 즉 어린 시절의 아토피 피부염이 성장하고 나서도 만성 질환이 된다는 것이다.

영유아 아토피 피부염 증상

영유아, 어린이, 성인 모두 아토피 피부염에 걸릴 수 있지만, 그중 영유아 아토피의 경우 생후 2개월~2년 사이에 생긴다.

- 두피, 이마, 양쪽 볼, 눈 주위, 귀, 팔꿈치, 무릎 안쪽 등의 피부가 붉게 변한다.
- 극심한 가려움증을 느낀다.
- 피부가 거칠고 건조해져 각질이 많이 발생한다.
- 여름보다 겨울, 낮보다 밤에 증상이 더 심해진다.
- 입 가장자리가 자주 트고 갈라진다.
- 열이 많고 얼굴에 열꽃이 핀다.
- 눈이 잘 붓고, 눈곱이 끼고, 눈을 자주 비빈다.
- 특정 물질이 닿은 부위가 붉게 변한다.
- 귓불이 짓무르고 갈라진다.
- 이불에 얼굴을 자주 문지른다.
- 회복되었다가도 다시 염증이 생기고 심한 경우 진물이 생긴다.

- 태선화 현상(피부가 착색되거나, 코끼리 피부처럼 두꺼워지는 현상)이 생긴다.

알 려 주 세 요

아토피 피부염 vs 태열, 어떻게 달라요?

아토피 피부염과 태열은 발생 시기, 기간, 발진 부위 등이 조금 다르다.

태열

- 첫 돌 전까지.
- 발진이 일시적으로 생겼다 없어진다.
- 주로 두피, 얼굴, 가슴, 등에 생긴다.

아토피

- 첫 돌 이후부터.
- 발진이 만성적으로 재발한다.
- 주로 두피, 얼굴, 팔다리, 피부가 접히는 부분, 엉덩이 쪽까지 생긴다.

태열이 아토피 피부염으로 변하나요?

첫돌 전에 태열을 앓았던 아이가 모두 아토피 피부염을 앓게 되는 것은 아니다. 다만, 얼굴, 목, 살이 접힌 곳에 생긴 발진이 만성화된다면 아토피 소인이 있을 수 있으므로 병원에서 정확한 진단을 받아야 한다.

3. 환경호르몬과 아토피 피부염

아토피 피부염의 원인

환경호르몬

- 환경호르몬은 인체 면역체계를 교란시킨다.
- 플라스틱 장난감이나 세제에 들어있는 환경호르몬이 주요 원인이 될 수 있다.
- 건물 마감재, 콘크리트, 벽지, 접착제
: 새집증후군을 유발하는 유해한 건축물 재료에는 발암물질인 라돈, 벤젠, 클로로폼, 아세톤, 스티렌, 포름알데히드 등이 포함되어 있다. 지은 지 얼마 안 된 새집일수록 이러한 유해물질이 많아 아토피와 알레르기의 원인으로 작용한다.
- 합성세제, 소독제, 세정제, 살균제
: 가정에서 청소할 때 쓰는 염소계 표백제에서는 염소가스가 나온다. 염소계 표백제를 산성 세정제와 섞어 쓰면(예: 락스와 표백제) 맹독성 가스가 발생한다.
- 각종 생활 화학제품

: 아이 옷을 세탁할 때 쓰는 가루세제, 표백제, 섬유유연제에는 유해한 화학성분이 들어있고 이것이 아토피와 알레르기를 일으킬 수 있다.

- 살충제

: 바퀴벌레나 개미 등 벌레를 잡기 위해 쓰는 살충제에는 피레스로이드계 화합물, 클로로피리포스 등 독성물질과 환경호르몬이 들어 있다. 살충제의 약 18%와 살균제의 약 90%에 발암성 물질이 들어있다. 클로로피리포스는 내분비 교란을 일으킬 수 있어 미국에서는 가정용 제품 사용을 금지한 바 있다.

음식물 알레르기, 음식 속 식품첨가물

- 영유아는 소화기능이 약해 음식물 속 알레르기를 일으키는 물질, 특히 각종 단백질 성분을 충분히 받아들이지 못한다. 즉 단백질 일부가 아미노산으로 분해되지 못한 채 흡수된다. 그 결과 영유아의 몸은 이러한 물질을 이물질로 인식해 알레르기 반응을 일으키게 된다.

- 달걀, 우유, 밀가루, 땅콩, 새우, 생선 등이 알레르기를 일으키는 대표적인 식품들이다.

- 인공 화학첨가물이 많이 든 음식은 아토피 피부염을 비롯한 다양한 알레르기와 만성 질환의 원인이 된다.

4. 영유아 아토피 어떻게 예방하나?

- 분유보다 모유

분유는 모유에 비해 소화흡수력이 떨어질 수 있고, 알레르기의 원인이 되는 물질을 함유하고 있을 수 있다.

- 알레르기 원인물질 주의

단백질이 들어있는 각종 음식물(달걀, 우유, 콩, 밀가루, 땅콩, 새우, 생선 등)은 알레르기를 유발하는 원인이 될 수 있으므로 이유식을 먹일 때 주의한다. 새로 먹이는 음식은 소량으로 한 종류씩 먹이고, 최소 5일 이상 먹여보고 이상 여부를 관찰한다.

- 청결과 보습

땀이 마르지 않은 채로 있거나 기저귀를 갈지 않은 채로 두면 피부 염증을 악화시킬 수 있으므로 깨끗이 씻기되, 피부가 건조해지지 않도록 보습에 유의한다. 목욕을 시킬 때는 중성 비누를 사용하고, 목욕을 마친 후 3분 이내에 유아용 보습 로션이나 오일을 발라준다.

- 상처에 유의

가려움증 때문에 아이가 뺨이나 염증 부위를 긁으면 세균 감염에 더욱 취약해지므로 손에 면 소재의 장갑을 끼운다.

- 실내 적정 습도와 온도 유지

환기를 자주 하고, 실내 온도는 바깥 온도와 지나치게 크게 차이 나지 않도록, 습도는 50~60% 정도로 유지한다.

- 새집증후군 유의

지은 지 얼마 안 된 새집이라면 충분한 실내 공기정화를 통해 실내 유해물질을 최대한 빼내도록 한다.

- 유산균 섭취

장 건강은 면역력과 밀접한 연관이 있으므로, 유산균 섭취를 통해 배변 활동이 원활히 이루어지도록 한다.

5. 여성들이 유의해야 할 환경호르몬과 유해화학물질

현대인은 누구나 환경호르몬에 노출되어 있지만, 아이를 키우는 주부의 경우 가정에서 다양한 유해물질과 환경호르몬에 노출될 수밖에 없다. 청소와 빨래를 하거나 아이를 씻기는 과정에서 사용하는 세제, 소독제, 비누, 샴푸, 탈취제 등에 유해화학물질이 들어 있기 때문이다. 집안에서 여성과 아이들의 건강에 악영향을 끼치는 유해물질로는 다음과 같은 것들이 있다.

- 포름알데히드
집을 지을 때 쓰는 단열재나 대형 가구에 함유되어 있다. 새집증후군의 주된 원인 물질이다.

- 다이옥신
세제, 샴푸, 클렌저 등에 들어 있다. 대표적인 발암물질이다.

- 테트라클로로에틸렌
의류 드라이클리닝할 때 사용된다. 대표적인 발암물질이다.

- 파라벤
화장품, 샴푸, 린스, 로션, 치약 등에 광범위하게 함유되어 있으며 방부제로 사용된다. 알레르기를 유발하고 내분비계를 교란시키는 물질이다.

- 프탈레이트

향수, 립스틱, 매니큐어 등에 사용되어 향이 오래 지속되도록 한다. 인체에 독성을 주는 대표적인 물질로, 아토피 피부염, 알레르기, 천식 등을 일으킨다.

- 트리클로산

치약, 화장품, 항균비누 등에 들어 있다. 내분비계 교란을 일으키며, 지방 조직에 축적되어 모유를 통해 영유아에게 전달될 수 있다.

- 알킬페놀류

세제, 섬유유연제에 사용된다. 발달장애와 생식장애를 일으킨다.

〈가정의 유해화학물질과 예방 수칙〉

- 폼알데하이드(접착제, 가구, 단열제에 함유)
- 테트라클로로에틸렌(의류의 드라이클리너에 사용되는 용매)
- 프탈레이트(스프레이형, 포트형 방향제 속에 들어있음)

- 1,4 다이옥산(세정력 부여, 보습력 향상을 위해 특정 원료 제조과정에서 생성됨)
- 트리클로산(항균목욕제, 소독약 등의 원료로 사용)
- 알킬페놀류(합성세제와 세척용 제품에서 계면활성제로 사용되는 물질이 자연으로 방출되면서 생성됨)

- 파라벤(화장품 부패 막기 위해 사용되는 방부제)
- 프탈레이트(향수의 향과 매니큐어 색 유지를 위해 사용 됨)
- 중금속(립스틱 색, 광택을 내기위한 첨가제로 사용)

〈여성들을 위한 공간별 예방 수칙〉

공간	유해화학물질	예방 수칙
방, 거실	폼알데하이드, 테트라클로로에틸렌, 프탈레이트	1. 방향제의 사용을 가능한 자제하고, 환기를 자주 시키도록 할 것 2. 드라이클리닝 한 옷은 비닐제거 후 외부에 3일 정도두고 충분히 통풍을 시킬 것
욕실 및 세탁실	1,4 다이옥신, 트리클로산, 알킬페놀류	1. 합성향료 첨가한 제품보다 무향제품 선택할 것 2. 가능한 항균 제품(항균 제품 구성성분인 트리클로산은 생식기에 좋지 않은 영향을 줌)의 사용 줄일 것 3. 합성세제 최소량만 사용하고, 세탁, 청소 시에는 고무장갑 착용을 습관화 할 것(비누, 소다, 식초, 구연산, 유용미생물을 이용한 친환경 세제 사용할 것)
화장대	파라벤, 프탈레이트, 중금속	1. 화장품 구입 시 성분표시 반드시 확인 2. 가능한 유해화학물질 적게 함유된 화장품 선택할 것 3. 매니큐어는 마개를 잘 닫아 보관, 통풍 잘되는 곳에서 사용할 것

(출처 : 〈여성들의 유해물질 없는 만점환경 만들기〉(환경부), 〈생활 속 유해물질 가이드〉(환경정의))

알 려 주 세 요

가습기 살균제, 왜 그토록 위험했나?

몇 해 전 가습기살균제로 인한 폐손상증후군으로 인해 영유아, 어린이, 임신부, 노인이 사망한 사건이 사회적 이슈가 되었다. 가습기살균제는 1994년 최초로 출시되었고, 가습기살균제에 의한 사망사건은 2011년 4월부터 알려졌다. 2012년 10월 8일까지 영유아 36명을 포함, 78명이 가습기살균제에 의해 사망했다(환경보건시민센터 집계). 2011년 11월 유해성이 확인된 6가지 제품을 수거했고, 2012년 2월 가습기살균제에 사용된 PHMG(폴리헥사메틸렌구아디닌) 인산염과 PGH(염화에톡시에틸구아디닌)에 독성을 있음을 확인했다고 밝혔다.

PHMG 계열 : 옥시싹싹(옥시레킷벤키저), 와이즐렉(롯데마트), 홈플러스(홈플러스)

PGH 계열 : 세퓨(버터플라이이펙트)

MCIT 계열 : 애경가습기메이트(애경), 이플러스(이마트)

2017년 2월 '가습기살균제 피해구제를 위한 특별법'이 제정되고 그해 8월 9일 시행
되었다. 정부는 그 전까지 가습기살균제 피해자들을 1단계(가능성 거의 확실), 2단계(가능
성 높음), 3단계(가능성 낮음), 4단계(가능성 거의 없음)로 구분하고 1, 2단계 피해자들만 지
원했으나, 특별법 시행 이후 3, 4단계 피해자들도 지원하기로 했다. 환경부가 2014년
부터 2018년까지 진행한 피해 조사에 의하면 2018년 6월을 기준으로, 총 4,748명의
피해자 중 431명이 1, 2단계 피해 판정을 받았다.

가습기살균제에 들어있는 살균제 성분은 가습기살균제뿐만 아니라 다양한 생활용품
에 함유되어 있다. 대표적인 용품은 물티슈와 샴푸 등이며, 다른 종류의 살균제에 비
해 피부 독성 자체는 강하지 않았다. 그러나 이 성분들이 호흡기로 흡입될 때 발생하
는 독성이 알려지지 않아 피해자가 발생했던 것이다. 더구나 그전까지 가습기살균제
는 공산품으로 분류되어 공산품 안전기준만 적용되고 식품위생법이 적용되지 못해
더 많은 피해자를 양산했다.

[꼭 알아야 할 유용한 정보]

생활 속 유해물질을 알아볼 수 있는 사이트

식품안전나라 : 식품안전정보 포털 (www.foodsafetykorea.go.kr)
- 식품의약품안전처에서 제공하는 식품안전정보 채널.
- 주로 아이들 먹거리와 관련된 식품안전 정보를 확인할 수 있다.

제품안전정보센터 (www.safetykorea.kr)

- 산업통상자원부 산하의 제품안전정보 센터.
- 주로 아이들이 사용하는 학용품, 문구, 마트에서 파는 제품 등의 유해 여부, 국내 피해 사례, 리콜 정보 등을 확인할 수 있다.

케미스토리 : 어린이 환경과 건강포털 (www.chemistory.go.kr)

- 환경부 산하기관인 한국환경산업기술원에서 운영.
- 생활 속 유해물질, 건강과 생활, 환경오염 정보를 어린이, 부모님, 선생님으로 나누어 제공한다.
- 어린이집, 유치원, 놀이터 등 아이의 생활공간 및 어린이용품의 안전을 알아볼 수 있다.

알 려 주 세 요

우리 아이 액체괴물, 괜찮나요?

"우리 딸은 5살 때부터 슬라임(액체괴물)을 만졌어요. 지금 9살이니까 4년째 갖고 노는 거고, 동생과 같이 유튜브에 슬라임 영상도 직접 찍어 올려요."

서울 광진구에서 슬라임 카페를 운영하는 김경은(48) 씨는 슬라임 카페가 자신의 일터이자 딸들의 놀이터라고 소개했다. 개별 방으로 나누어진 김씨의 슬라임 카페 한 칸은 딸들이 유튜브 촬영을 하는 스튜디오로 쓰고 있다. 김씨는 "수제 슬라임이라 가격은 조금 비싸도 딸들이 갖고 노는 건데 어떻게 유해한 걸 쓰겠냐"고 말했다. 연이어 제기된 슬라임의 성분 논란 때문이다.

서울 성동구에서 슬라임 카페를 운영하는 이모(36) 씨는 "슬라임 유해성 보도 이후 매출이 뚝 떨어졌다"며 2월까지만 카페를 운영할 계획이라고 말했다. 이씨는 "주말 이

틀에 보통 120~130만원 정도 매출이 나왔는데 이달 들어 30~40만원선이 됐다"며 "어느 날은 하루 내내 1명밖에 오지 않아 1만7,000원을 번 날도 있다"고 말했다. 이 씨는 "딸 이름을 가게 이름에 넣을 만큼 자부심을 갖고 안전성 검사도 꼼꼼하게 체크 했는데 '아이들에게 쓰레기를 팔았다'는 시선이 더 괴롭다"고 말했다.

지난해 12월 국가표준기술원은 시중에 유통되는 슬라임 190개 제품을 정밀히 조사 해 위해성이 확인된 76개 제품을 리콜 조치했다. 서울대 보건환경연구소는 시중에 유통되는 슬라임 제품에서 검출된 붕소 최대 함량이 2,278mg/kg이었고, 이는 유럽 연합의 완구 내 붕소 규제 기준인 300mg/kg의 7배에 달한다고 발표했다. 연구 결과 가 보도되자 슬라임 유해성 논란이 크게 불거졌다. 2주쯤 지났을까 이번에는 해당 연 구 결과가 실제보다 과장됐다는 분석이 나왔다. 대한화학회는 "EU 기준은 슬라임에 들어있는 붕소의 총량이 아니라 슬라임을 삼킨 상태를 가정해 슬라임을 위액과 비슷 한 용액에 넣었을 때 빠져나오는 '용출량' 기준을 제시한 것"이라고 밝혔다.

짧은 기간 '유해하다', '유해하지 않다'는 엇갈린 내용의 보도가 잇따르자 부모들은 혼란스럽다는 반응을 보였다. 9살, 7살 남매를 키우는 안효정(39) 씨는 "슬라임이 유 해하다는 보도를 접한 뒤 집에 있던 슬라임을 모두 갖다 버렸는데 도대체 무엇이 맞 는 거냐"고 물었다. 5살 하윤이와 슬라임 카페를 찾은 한 엄마는 "유해하다는 보도를 보고 망설여지기도 했지만, 슬라임 카페에서 안전 기준을 통과했다는 설명을 충분히 들었다"며 "아이가 너무 즐거워하고, 아이와 함께 놀 다른 방법도 마땅치 않아 계속 슬라임 카페를 찾을 것"이라고 말했다.

서강대 이덕환 교수(화학과)는 "현재 슬라임에 제기되는 우려는 과한 측면이 있다"고 진단했다. 이 교수는 "슬라임을 만드는 폴리비닐알코올(PVA)은 아기들 기저귀, 일회용 생리대에도 쓰여서 일상에 굉장히 친숙한 물질"이라고 설명했다. 1976년 바비인형 을 만든 완구 회사 마텔에서 어린이용 장난감으로 개발한 상품이 '슬라임'이었고, 지 금까지 40여 년을 문제없이 판매해왔다는 것이다. 또 최근 정부가 슬라임에 대해 유럽 기준을 적용하면서 붕소나 CMIT/MIT 같은 물질에 대한 기준이 엄격해져 '더더욱 걱

정할 필요가 없다'고 설명했다.

하지만 조금 더 신중하게 접근해야 한다는 시각도 있다. 지난 24일 더불어민주당 신창현 의원실에서 주관한 '액체괴물에 노출된 우리 아이, 어린이용품 어떻게 관리되고 있나?' 정책 토론회에도 슬라임이 주요 주제로 논의됐다. 환경운동연합 정미란 부장은 "지난해 정부가 시판 슬라임 제품을 조사한 결과 프탈레이트가 기준치의 300배 이상 넘은 제품도 있었다"며 "어린이용 제품에 적용되는 프탈레이트 기준이 더 엄격해질 필요가 있다"고 주장했다.

(출처 : 중앙일보 2019.01.26.)

어린이집 안전사고와 대처법

1. 보육종사자가 알아두고 부모도 참조해야 할
   안전사고 유의사항

영유아와 어린이 보육에는 늘 사고 요인이 존재한다. 따라서 보육종사자들은 어린이가 처할 수 있는 위험 요인을 알아두고, 사고가 발생했을 때 아이들을 지키기 위해 무엇을 할 수 있으며, 무슨 조취를 취해야 '소생 가능성'을 높일 수 있을지를 평소에 늘 대비해야 한다. 사고 발생 우려로 노심초사하여 아이들의 활동을 규제하기보다는, 아이들의 특성과 형편을 적절히 고려해 위기 대처 능력을 키울 수 있도록 하고 아이들이 건강한 사회구성원으로 성장할 수 있도록 도와야 할 것이다.

안전사고가 불가피한 것이라면, '사고율 제로'를 바라는 것보다는 사고가 일어났을 때 피해를 최소화시킬 수 있도록 노력하고 준비하는 것이 더 현실적이다.

아이들의 성장 발달단계에 따른 사고의 종류

　머리를 가누지 못하는 6개월 미만의 신생아, 몸을 활발하게 움직일 수 있는 1세 전후의 영아, 밖에서 친구들과 어울려 놀 수 있는 2세 이후의 아이들은 각각 성장 발달단계에 따라 발생할 수 있는 사고의 종류도 달라질 수밖에 없다.

　따라서 이 시기 아이들의 보육을 맡은 보육교사는 한 명 한 명 영유아의 발달단계를 정확하게 알아두고 면밀히 관찰하며, 그 발달단계에서 발생하기 쉬운 사고를 항상 예측하여 아이들을 최대한 안전한 환경에 두는 것이 중요하다.

매 순간 도사리는 위험 요인의 자각

　아이들은 놀이를 통해 인간관계를 맺으면서 크고 작은 사고 위험성을 예지하거나 회피하는 능력도 익히게 된다. 영유아기와 초등학교 시절에 충분히 놀이를 하지 못하거나, 부모 및 형제자매를 통해 생존의 기초를 습득하지 못한 아이들은 커서도 인간관계를 원만하게 맺기 힘들 뿐만 아니라 충분히 예측할 수 있는 각종 사고에 대한 대응력도 떨어진다.

　그런 만큼 아이들의 단체생활에는 항상 위험 요인이 도사리고 있는 것이 사실이다. 따라서 각종 사고를 미연에 방지하도록 노력하는 것도 중요하지만, 사고가 발생했을 때 피해를 최소화시킬 수 있는 방책을 익혀두게 하는 것도 중요하다.

예를 들어 원아끼리 싸우지 않도록 가르치는 것이 좋겠지만, 싸움이 벌어졌을 경우라 하더라도 일종의 '놀이 규칙', 예컨대 폭력에 가까운 완력을 쓰지 말 것이라든가, 무기로 친구를 해치지 말 것이라든가, 눈이나 얼굴을 겨누지 말아야 한다든가 등의 지침들을 그때그때 아이들에게 확실하게 가르치는 것이 중요하다.

(참조 : 김옥심, 〈어린이집 안전사고 예방법&똑똑한 대처법〉, 〈어린이집 안전사고119〉)

알 려 주 세 요

보육담당자가 알아두어야 할 아동의 안전한 인계 원칙

어린이집이나 유치원의 등 · 하원시간은 어린이 안전사고가 발생하기 쉬운 시간이다. 원생과 학부모가 한꺼번에 몰리는 과정에서 인계가 제대로 안 되거나 각종 사고가 발생하기 쉽다. 아동의 안전한 인계를 위한 원칙에는 다음과 같은 것들이 있다.

① 영유아는 혼자 등 · 하원하지 않으면 반드시 보호자와 함께 등원한다. 절차에 의해 교사와의 인계가 이루어지도록 한다. 간혹 바쁜 상황이나 어린이집 생활에 익숙해지면 현관까지만 함께 오고 영유아 혼자 들여보내는 경우가 있는데 반드시 인계 절차를 지키도록 한다.

② 등원 이후 오전 간식 시작과 함께 담임교사는 부모가 작성한 개별 영유아의 알림장 내용 및 투약의뢰서를 확인하여 관련 내용을 숙지한다. 특히 앱 알림장은 엑셀파일로 변환, 출력하여 동료 교사와 공유한다.

③ 영유아 인계는 알림장에 작성된 귀가 예정시간과 보호자(부모, 조부모 등)를 확인하여 교사가 직접 하는 것이 원칙이다. 영유아 귀가 시 발생할 수 있는 안전사고에 대비하여 반드시 보호자를 확인하고 영유아를 인계하며, 다른 성인에게 인계할 경우 반드시 보호자의 전화나 서명을 확인한다.

④ 통합보육시간 동안의 영유아 인계 책임은 통합보육 담당교사에게 있다. 통합교사는 담임교사에게 전달받은 영유아와 관련된 사항(예: 또래 간 갈등, 열 체크, 경미한 안전사고 등)은 사전에 담임교사가 기록한 인계 일지를 확인하여 반드시 부모에게 전달하도록 하며, 학부모에게 전달받은 사항은 구두가 아닌 인계일지를 통해 담임교사에게 정확히 전달한다.

(참조 : 푸르니보육지원재단)

[아동학대 방지 필수상식]

양육자가 알아두어야 할 '어린이집 아동학대 예방 및 조치 요령'

가. 아동학대의 정의

• (아동학대) 보호자를 포함한 성인이 아동의 건강 또는 복지를 해치거나 정상적 발달을 저해할 수 있는 신체적 · 정신적 · 성적 폭력이나 가혹행위를 하는 것과 아동의 보호자가 아동을 유기하거나 방임하는 것을 말함(아동복지법 제3조 제7호)

• (아동학대범죄) 아동학대 중 보호자에 의한 아동학대를 아동학대범죄로 규정(아동학대범죄의 처벌 등에 관한 특례법 제2조제4호)

※보호자란 친권자, 후견인, 아동을 보호 · 양육 · 교육하거나 그러한 의무가 있는 자 또는 업무 · 고용 등의 관계로 사실상 아동을 보호 · 감독하는 자를 말함(아동복지법 제3조제3호)

- 따라서, 아동이 어린이집에서 보육을 받는 시간 동안 당해 아동을 담당하는 보육교

직원도 보호자에 해당됨

나. 아동학대 신고

• 아동학대 신고전화 : 112
※ 2014.9.29.부터 아동학대 신고전화가 112로 통합

수사기관 및 아동보호 전문기관의 아동학대 개입 절차
신고 접수(수사기관 또는 아동보호전문기관)현장조사 및 학대혐의 판단
사례 개입(아동보호 및 행위자 처벌 등)
종결
사후관리

• 어린이집 보육교직원은 아동학대범죄의 처벌 등에 관한 특례법 제10조의 규정에
의한 신고의무자로서 직무상 아동학대를 알게 된 경우 및 의심되는 경우 즉시 아동보
호전문기관 또는 수사기관에 신고하여야 함
- 신고의무를 이행하지 않을 경우 500만원 이하의 과태료를 부과함(아동학대범죄의 처벌
등에 관한 특례법 제63조)
- 신고인의 신분은 보호되며 그 의사에 반하여 신원이 노출되지 않음

• 보육교사 자격 취득 과정이나 보수교육 과정에 아동학대예방 및 신고의무와 관련
된 교육내용을 1시간 이상 포함하도록 하여야 함.
- 어린이집 원장은 보육교직원(아동복지법 제26조 제3항에 따라 소속 신고의무자)에게 아동학
대 예방 및 신고의무와 관련한 교육을 매년 1시간 이상 실시(「아동복지법」 시행령 제26조)
※ 아동복지법 제75조 제3항에 의거 원장은 아동학대 신고의무자에게 신고의무 교
육을 실시하지 아니한 경우 300만원 이하의 과태료 부과
※ 교육 시 중앙아동보호전문기관 홈페이지(www.korea1391.go.kr) 정보실에 등재
된 표준교육자료(전단지, PPT, 동영상)를 적극 활용

※ 중앙아동보호전문기관 표준교육자료(전단지, PPT, 동영상)를 활용하여 기관별 자체교육 등 실시

다. 아동 학대금지행위 위반 시 어린이집의 장 또는 보육교사의 자격 취소

• 법 제48조 규정에 따라, 보건복지부장관은 어린이집의 장 또는 보육교사가 「아동복지법」 제3조제7호의2에 따른 아동학대관련범죄로 처벌을 받은 경우에는 그 자격을 취소할 수 있음

라. 아동학대 등 금지행위가 발생한 시설에 대한 조치사항

• 어린이집 설치·운영자(보육교직원 등 설치·운영자의 관리·감독 하에 있는 자 포함)가 「아동복지법」 제3조 제7호에 따른 아동학대 행위를 한 경우에는 법 제45조에 따라 1년이내의 어린이집 운영정지 또는 어린이집의 폐쇄를 명할 수 있음
- 다만, 설치·운영자가 그 행위를 방지하기 위하여 상당한 주의와 감독을 게을리하지 아니한 경우 제외
- 설치·운영자의 상당한 주의와 감독 여부에 대해서는 학대행위 신고여부 등을 종합적으로 고려하여 판단
• 아동학대 발생 시설은 법원판결 이전이라도 해당 시설의 영유아 보호를 위해 관련 행정처분(어린이집 운영정지, 보육교직원 자격정지 등) 등 적극 실시
- 아동학대 발생 시 법원 확정판결 등 형사절차 진행상황을 지속적으로 관리하고, 특히 기소유예, 선고유예, 보호처분 등도 범죄 사실은 인정되므로 영유아보육법에 의한 행정처분 절차 반드시 진행
• 각 시·도에서는 관할 시·군·구의 아동학대 발생 어린이집에 대한 행정처분 이행실적을 분기별로 취합하여 매분기 종료 후 익월 10일까지 보건복지부에 제출
• 평가인증 어린이집의 대표자, 원장 또는 보육교직원이 「아동복지법」 또는 「아동·청소년의 성보호에 관한 법률」을 위반한 경우 인증(참여)취소
• 해당 어린이집 및 시·군·구는 아동학대 사례 인지시 수사기관(관할 경찰서 또는

112)에 신고 및 관할 아동보호전문기관에 통보하여 합동조사하거나 피해아동에 필요한 조치를 취하고 관련 내용을 시·도 및 보건복지부에 즉시 보고

- 아동학대 신고자에 대해서는 별도의 규정에 따른 포상금 지급 가능

마. 성범죄 등 신고 의무

- 「성폭력 방지 및 피해자보호 등에 관한 법률」 제9조에 따라, 어린이집의 보육교직원은 보호하는 사람이 성폭력 범죄의 피해자인 사실을 안 때에는 즉시 수사기관에 신고하여야 함
- 「아동·청소년의 성보호에 관한 법률」 제34조에 따라 어린이집의 보육교직원은 직무상 아동 대상 성범죄가 발생한 사실을 알게 된 때 즉시 그 사실을 수사기관에 신고하여야 하며, 신고를 하지 않거나 거짓으로 신고한 경우 300만원 이하의 과태료 부과

(출처:2019년 보육사업안내)

2. 어린이집 아동학대 체크리스트

최근 어린이집 교사에 의한 아동학대 사건이 반복적으로 사회적 공분을 자아내고 있다. 전문가들은 아동학대에 대한 제도적 개선도 필요할뿐더러 부모가 이상징후를 조기에 발견하는 것이 중요하다고 말한다. 아이를 어린이집이나 유치원에 보낼 경우 다음 사항들을 매일 체크하는 것이 좋다.

- 자녀에게 관찰되는 손상이 상식적으로 발생하기 어려운 경우
- 자녀의 신체에 학대의심 증거가 있는 경우 (예: 상처, 멍)
- 자녀의 상흔이나 사고에 대한 설명이 교사와 자녀 간에 일치하지 않는 경우
- 원내에서 아동이 다쳤음에도, 특별한 이유 없이 병원에 데려가지 않거나 지연된 경우
- 자녀가 갑자기 평소와는 너무 다른 행동 등을 보이는 경우
- 평소와 다르게 울거나 짜증내는 경우
- 다가가면 피하거나 보행기에서 뒷걸음질을 치는 경우
- 잠을 잘 못 자는 경우
- 잘 먹지 못하거나 너무 많이 먹는 경우
- 눈을 잘 마주치지 못하는 경우
- 안 흘리던 침을 흘리는 경우
- 대소변을 가리지 못하는 경우

(참조 : 국민일보 2019.04.07 〈어린이집 아동학대 조기발견을 위한 부모 안내서〉
(보건복지부, 중앙아동보호전문기관))

3. 아동학대가 의심될 때 부모의 조치 요령

어린이집, 유치원, 학원, 아동복지시설 등에서 아동학대가 의심되는 징후가 발견될 경우 다음과 같은 절차를 따른다.

1. 112에 신고한다.
2. 신고 시 육하원칙에 따라 상세히 기술한다.
   (발생 기관, 기관의 주소와 연락처, 사건 발생 일자, 피해가 의심되는 아동의 인적사항, 가해자의 인적사항, 학대의 유형과 정도 등)
3. 신고를 접수한 경찰서와 아동보호 전문기관에서 발생 현장에 출두하여 현장조사, 관계자 상담을 한다.
4. CCTV 확인, 의료기관 소견서 등을 참고하여 학대 여부를 판단한다.
5. 피학대 아동에 대한 보호 조치를 취하고, 학대 행위자에 대한 조치를 사법기관에 의뢰한다.

주의 사항

- 신고 전에 정황을 파악한다

시설장, 기관장과 면담하고 CCTV를 확인하여 정확한 정황을 파악하고 상담한다. 아동의 증상이나 상처가 교사의 의도적인 학대에 의한 것인지, 혹은 교사의 기술 미숙에 의한 것인지, 아동끼리의 다툼이나 놀이 중 사고에 의한 것인지를 확인한다.

- 부모의 모니터링이 가능한 환경을 만든다

보육교사나 돌보미의 학대 징후가 보이더라도 CCTV를 통한 실제적 증거가 있어야 입증이 더욱 수월하다. 모니터링이 가능한 기관을 선택하도록 하고, 가정에서 돌보미를 고용할 경우 미리 양해를 구하고 가정에 모니터링 시설을 설치한다.

4. 어린이집 원생의 휴원을 요하는 감염병

보건복지부·대한소아과학회의〈어린이집 건강관리 매뉴얼〉에 의하면, 보육시설에 영유아가 입학할 때 어떤 경우에 격리가 필요한지 격리지침에 대해 미리 보호자에게 알려주도록 되어 있다.

어린이집에서 원생의 격리가 필요한 경우

- 발열, 구역질, 구토 등이 있을 때
- 열과 함께 몸에 발진이 돋았을 때
- 설사: 두 번 이상 무른 변을 보았거나 평소 배변 습관에서 변화를 보인 경우

    (예 : 변을 지림, 무른 변, 피가 섞인 변)

- 최근 24시간 내 두 번 이상의 구토가 있었을 경우
- 피부나 눈에 황달이 관찰된 경우
- 영유아가 계속 보채고 달래지지 않고 지속적으로 울 경우

휴원을 요하는 감염병의 증상과 격리기간

- 설사(설사 횟수가 많음, 무른 변, 열과 감기 증상을 동반함): 설사가 끝나고 24시간
  후 주요 증상이 없어질 때까지
- 농가진(얼굴이나 수족에 쌀알 크기의 발진, 수포가 생김): 항생제 사용 시작시점에서 24시간

격리, 딱지가 떨어질 때까지 휴원

- 홍역(발열, 재채기, 결막염, 발진): 발진 발생 후 5일간 격리, 발진 없어질 때까지
  휴원

- 뇌막염(고열, 두통, 구토, 전신에 보라색 반점, 의식의 혼동이 옴): 의사에 의해
  괜찮다는 판정을 받을 때까지 격리, 모든 증상이 사라질 때까지 휴원

- 백일해(열이 없고 밤에 기침이 심함): 항생제 사용 시작 시점에서 5일간, 항생제
  사용하지 않은 상황이면 3주간 격리, 기침이 사라질 때까지 휴원

- 풍진(가벼운 감기 같고, 발열과 발진이 일어남): 발진 발생 후 7일간 격리, 증상이
  없어질 때까지 휴원

- 수두(발열, 발진, 물집 생김): 발진 발생 후 5일 경과, 더 이상 생기지 않고 딱지가 다 떨
  어질 때까지 휴원

- 수족구(38도 정도의 고열, 입 속, 손바닥, 발바닥에 수포가 생김): 주요 증상 없어질 때까지 휴원

- 유행성 결막염(눈이 붓고 흰자위가 충혈되며 눈곱이 많이 생김): 급성 증상이 없어질 때까지
  휴원

- 볼거리(발열, 귀밑이 부어오름): 귀밑 부기가 다 빠질 때까지 휴원

- 장티푸스(두통, 혀의 백태, 혈변, 장 출혈 발생): 완치될 때까지 휴원

- 전염성 홍반(열은 별로 없으나 때로는 37도의 열이 남, 얼굴과 뺨에 발진이 생김): 급성 증상이
  없어질 때까지 휴원

- 콜레라(열, 구토, 허연 물설사, 탈수): 완치될 때까지 휴원

- 머릿니: 첫 치료 시작부터 24시간 격리

- A형 간염: 황달 시작 시점에서 7일간 격리

- 독감: 증상 시작된 후 5일간 격리

- 유행성 이하선염: 볼이 붓기 시작한 시점에서 9일간 격리

- 폐렴: 의사에 의해 괜찮다는 판정을 받을 때까지 격리

- 옴: 치료 시작 시점에서 24시간 격리

- 성홍열: 항생제 치료 시작 시점에서 24시간 격리

- 이질: 대변 검사에서 2회 연속 음성이 나올 때까지 격리

5. 영아돌연사증후군, 어떻게 예방할까?

영아돌연사증후군(Sudden Infant Death Syndrome:SIDS)이란 영아가 특별한 질병 없이 갑자기 사망하여 해부학적으로 사인을 규명할 수 없는 경우를 말한다. 생후 1년 이내 영아 사망 원인의 35~55%를 차지하고 그 중 95%가 6개월 미만의 영아에게 발생하는데, 위험인자로는 자궁 내 저산도중, 태아 성장 지연, 모체의 흡연, 감염, 사회경제적으로 낮은 계층, 미숙아, 엎어 재우는 것, 영아를 너무 덥게 감싸고 두꺼운 이불을 덮어주는 것, 영아의 침요가 너무 부드러운 것 등이 있다.

미국소아과학회는 생후 12개월이 될 때까지의 영아를 바로 눕혀 재우도록 권장하면서, 특히 생후 6개월 이전의 영아는 반드시 눕혀 재울 것을 강조하고 있다. 생후 5~6개월 된 영아는 바로 누워 있는 상태에서 뒤집을 수 있지만 엎드린 상태에서 바로 뒤집는 것은 불가능하고 생후 7~8개월이 되어야 비로소 가능하다. 그래서 생후 5~6개월 된 영아가 자다가 호흡 문제 등이 발생한 경우 누운 상태에서는 쉽게 깨어날 수 있지만 엎드린 상태에서는 깨어나기 힘들어 사망에 이를 가능성이 높아진다.

엎어서 재울 경우 열 손실이 제한되어 체온이 상승하고, 내쉰 공기를 다시 들이마시는 재호흡이 유발될 수 있으며, 기도 폐색 가능성이 증가할 수 있다. 또한 척추 동맥이 눌려서 뇌간에 허혈성 변화가 오고 호흡중추의 기능 저하가 일어날 수 있어 질식 가능성이 증가하며, 전정기관의 신호가 저하되어 저혈압이 유발될 수 있다.

[사고에 대한 대처법]

- 등을 대고 똑바로 눕혀 재운다. 엎드려 자거나 옆으로 자고 있는 영아가 있는지 확인한다.
- 건강상태를 체크한다. 평소 허약하거나 최근 병원 진료를 다녀온 영아가 있는지 확인한다. (특별히 주의해야 하는 영아: 감기나 호흡기 질환, 기타 질환이 있는 영아)
- 표면이 딱딱한 침구를 이용한다.
- 자는 동안 영아의 얼굴과 머리가 이불에 덮이지 않도록 한다.
- 아이 주변에 숨이 막힐 수 있는 제품을 비치하지 않는다: 아이 주변에 부드러운 물건 및 인형, 느슨한 이불이나 베개, 헐거운 침구류 등은 없는지 확인하고 잠자리에서 제거한다.
- 적절한 수면환경을 조성한다: 실내 온도를 너무 덥지 않게 한다. (적정온도 22~23도)
- 주변에 흡연자가 있는지 확인한다.
- 분리는 되지만 접근이 용이한 수면 환경을 만든다: 영아 관찰이 용이한 조명, 안전 거울, 문의 투명창 등을 설치한다.
- 영아 수면 중에는 반드시 교사가 자리를 지키고 관찰하며, 자리를 이탈해야 할 때는 동료 교사에게 인계한다.
- 영아가 자라면서 목 근육이 강화되어 엎드려 놀게 되는데 이때 영아가 꼭 깨어 있는 상태에서 엎드려 놀게 하고 바닥은 단단해야 한다.

(참조 : 김옥심, 〈어린이집 안전사고119〉)

알 려 주 세 요

부모가 반드시 알아두어야 할 어린이집 안전관리 상식

어린이집의 안전관리(시행규칙 제23조[별표 8])

가. 안전관리 원칙

• 원장 등 보육교직원은 업무를 수행함에 있어 영유아의 생명 · 안전보호 및 위험방지를 위하여 주의 의무를 다하여야 함
• 어린이집 원장은 보육교직원 및 부모와 함께 영유아의 안전사고 예방을 위해 성실하게 노력하고 안전교육을 실시하여야 함
• 어린이집은 인근 소방서, 경찰서 및 가스, 유류 등의 안전상태를 점검하는 유관기관에 의해 정기점검을 실시하고 비상연락체계를 구축해야 하며, 자체적으로 정기적인 시설안전점검을 실시하고 기록 · 관리하여야 함
• 어린이집 보육교직원은 영유아의 실내 · 외 활동 시 안전을 위해 영유아를 보호 · 감독해야 하며 원장은 영유아에 대한 물리적 환경과 인적 환경에 대한 안전확보를 위해 시설 및 환경을 조성하고 관리해야 함
• 어린이집 내 'CCTV 등' 설치 운영과 관련된 사항은 〈부록5〉의 어린이집 영상정보처리기기 설치운영 가이드라인에 따름

나. 분야별 안전관리

1) 물리적 환경에 대한 안전관리

• 어린이집의 보육교직원은 안전관리의 중요성을 인식하고 이를 실천하기 위하여

노력하여야 함

• 원장은 〈서식 II-5〉의『어린이집 통합안전점검표』(②안전분야)에 따라 매일, 매월 시설안전점검을 실시하여 화재 · 상해 등 위험발생요인을 사전에 제거하여야 함

• 아동복지법 제32조에 따라 유괴 등 범죄의 위험으로부터 아동을 보호하기 위하여 필요하다고 인정하는 때에는 어린이집의 아동을 보호하기 위하여 어린이집의 주변 구역을 아동보호구역으로 지정하여 폐쇄회로 텔레비전을 설치하거나 그 밖의 필요한 조치를 할 수 있음

- 아동보호구역의 지정 및 공고(아동복지법시행령 제29조)

• (지정신청) 어린이집의 장 → 특별자치도지사 · 시장 · 군수 · 구청장

※지정신청서식(아동복지법시행규칙 제16조 별지 제13호서식)

• (지정범위) 해당시설의 외곽경계선(출입문)으로부터 500미터 이내의 일정구역

• (지정시 조치사항) 시장 · 군수 · 구청장은 경찰서장과 협의하여 아동범죄 발생현황, 통학 · 이용 아동 수, 범죄발생 우려 여부 조사

• (공고) 시장 · 군수 · 구청장은 인터넷, 게시판 등에 아동보호구역 공고

- CCTV의 설치 · 관리 및 예산지원(아동복지법시행령 제30조)

• (설치 및 관리) 시장 · 군수 · 구청장은 아동보호구역에 CCTV설치 및 교체 · 수리 등 사후관리 조치

• (모니터링) 경찰서장은 아동범죄 예방 및 수사를 위해 CCTV의 화상정보를 적극 활용

• 100인 이상을 보육하는 시설은 어린이보호구역으로 지정 · 관리할 수 있음(도로교통법 시행규칙 제14조, 시 · 군 · 구청 및 경찰서 협조)

2) 인적 환경에 대한 안전관리

• 보육교직원 행동 지침

- 어린이집 보육교직원은 영유아의 안전사고 예방을 위해 영유아에 대한 보호와 감독을 철저히 하여야 함

• 안전관리 및 교육

- 어린이집 보육교직원은 안전점검 방법 및 안전점검표의 활용법, 영유아의 발달단계 특성을 고려한 보호 및 안전교육 방법에 대해 숙지

- 어린이집 보육교직원은 영유아의 안전을 위해 영유아의 보호자와 상호 협력

- 어린이집에서는 영유아와 부모에 대한 안전교육을 시행해야 하며, 원장은 모든 보육교직원에 대해 안전교육을 실시하고, 관련 기관 등에서 전문적인 안전교육을 받을 수 있도록 조치

다. 차량안전 관리(차량을 운행하는 경우)

• 통학 차량을 운행하고자 할 경우에는 도로교통법에서 규정하고 있는 어린이 통학버스 신고 요건을 구비하여 관할 경찰서장에게 신고하여야 함

※「도로교통법 제52조(어린이통학버스의 신고 등) 참조」

※어린이집 원장이 전세버스 운송사업자와 운송계약을 맺은 차량도 어린이통학버스로 신고 가능(2008.9.2)

※어린이통학버스 미신고 차량 운행시 행정처분 : 시정명령(시정명령 위반시 최대 3개월 운영정지)

• 운전기사 채용 시 채용신체검사서 제출, 교통안전교육 이수여부 확인 및 성범죄경력 조회 실시

• 운전자는 통학차량 내부에 안전수칙을 부착하고, 차량용 소화기 및 구급상자를 비치해야 하며, 〈서식 II-5〉의 『어린이집 통합안전점검표』(③차량분야)에 의한 안전점검 실시

• 차량운행 시 보육교사 등 어린이집 보육교직원이 동승해야 하며, 36개월 미만 영아는 영아용 보호장구를 착용하여야 함

*보육교직원 동승 없이 어린이통학버스 운행 중 발생한 교통사고로 영유아가 사망하거나 중상해를 입은 경우 어린이집에 행정처분 부과

• 교사와 영유아는 차량 운행시작 전 안전벨트 착용

- 운전자는 통학차량에 승차한 영유아가 좌석에 앉았는지, 하차한 영유아가 보도 또는 길 가장자리구역 등 자동차로부터 안전한 장소에 도착했는지를 확인한 후에 통학차량을 출발시켜야 함
- 운전자는 음주, 휴대폰 또는 이어폰 사용 등 운전판단 능력에 영향을 미치는 행위를 해서는 안됨
- 등 · 퇴원 차량 운행시 운전기사 및 보육교사 등 동승자는 영유아를 안전하게 담당 보육교사나 보호자에게 인도하여야 하며, 모든 영유아가 안전하게 인도되었는지 여부를 확인하여야 함
- 보육교사 등 동승자는 어린이집에 통학차량이 도착하여 영유아가 하차한 후 지체없이 통학차량 이용 영유아들의 승하차 상황을 확인하고 담임교사에게 통보하여야 함.
- 담임교사는 통학차량 이용 영유아 중 무단결석 영유아가 있을시 보호자에게 유선 또는 문자, 메신저 등으로 연락하여 영유아의 소재를 확인하고, 확인이 되지 않을 시 통학차량에 영유아가 남아 있는지 재확인하여야 함.
- 운전자는 출결 상황 확인이 종료될 때까지 통학차량을 다른 장소로 이동하지 아니하고, 차량에서 대기하여야 함.
- 영유아의 승 · 하차를 위해 차량을 주 · 정차할 경우 영유아의 안전을 위해 도로방향이 아닌 보도나 길 가장자리 구역 옆 등 안전 위해요소가 없는 방향에서 승 · 하차할 수 있도록 차량을 주 · 정차 하여야 함
- 통학차량에는 금연을 상징하는 표지판 또는 스티커를 부착하여야 하며, 위반시 500만원 이하의 과태료 부과(국민건강증진법 제9조)
- 어린이집 원장은 도로교통법 제56조(고용주등의 의무)를 준수하여야 하며, 어린이집 통학차량 운전자의 운전면허 효력여부(취소 또는 정지 등)를 정기적으로 확인하여 무면허운전자가 통학차량을 운전하지 않도록 관리하여야 함
*매 반기별로 운전기사에게 운전경력증명서 등을 제출받아 확인
- 어린이통학버스 운전자가 영유아의 하차 여부를 확인할 때에는 행정안전부령으로 정하는 '어린이하차 확인장치' 를 작동하여야 함

※「도로교통법」제53조 개정(2019. 4월 시행) 라. 안전교육 1) 영유아에 대한 안전교육

• 영유아 스스로가 자신의 안전을 보호 할 수 있는 능력과 기술을 가지도록 교육해야 함

※참고자료 :「어린이집 보육교직원 안전교육」교재,「그림책을 활용한 영아 안전교육프로그램」자료 등 (출처 : 어린이집안전공제회 홈페이지-자료실-예방자료실)

• 어린이집의 장은 비상대응계획을 작성하고, 소방 대피, 지진 대피, 폭설 대비 훈련을 포함한 다양한 유형의 재난 대비 훈련을 월1회 실시한다.
- 비상대피 훈련은 부록의〈어린이집 비상대피훈련 표준안내〉를 표준으로 시행하되 어린이집의 실정에 따라 변경 운영 가능

※비상대응계획 : 소방, 지진, 폭설, 수해, 영유아 돌연사 등 어린이집에서 일어날 수 있는 다양한 유형의 비상사태와 재난에 대비하기 위해 세우는 계획

• 어린이집의 장은 보육대상 아동의 연령을 고려하여 아동복지법령의 안전교육 기준에 따라 매년 안전교육계획을 수립하여 교육을 실시하고, 계획 및 교육 실시 결과를 관할 시장 · 군수 · 구청장에게 매년 3월 31일까지 보고하여야 함

마. 안전사고 예방대책

1) 비상연락체계 구축

• 어린이집의 원장은 안전사고에 대응하기 위하여 인근 소방서, 경찰서 및 가스, 유류 등의 안전상태를 점검하는 유관기관 등과 비상연락체계를 구축하여야 함

2) 사고보고체계의 확립

• 어린이집의 원장은 사고에 대비하여 부모와의 비상연락망을 확보하여야 하며〈서식 II-6〉에 의한 부모 동의 및 조사서를 비치

• 원장은 사고발생 24시간 이내에 〈서식 II-11〉에 의한 사고보고서를 작성하여 시장 · 군수 · 구청장에게 보고하여야 하며, 중대사고(중상 이상의 안전사고, 감염병 및 식중독 등 집단 질병, 화재 · 침수 · 붕괴 등 재난사고 등)는 사고발생 즉시 보고(즉시 유선보고 후 24시간 이내 서식에 의한 보고)

- 어린이집 영유아의 안전사고 및 감염병 발생 보고는 보육통합정보시스템에 입력 보고를 원칙으로 함

※2011. 1. 1.부터 감염병 보고는 〈서식 II-12〉에 의해 매주 월요일마다 지난주의 발생현황 보고

• 시 · 군 · 구에서는 어린이집에서 발생한 중대사고, 아동학대, 사망사고 및 언론 취재 사항 등 중요사항의 경우 시 · 도와 보건복지부에 즉시 보고하여야 하며 사고 통계를 관리

3) 어린이집 자체 안전점검

• 어린이집의 장은 자체 안전점검 계획을 수립하여 매월 4일에 안전점검 실시
• 자체점검은 〈서식 II-5〉의『어린이집 통합안전점검표』에 따라 매일, 매월 실시하여 화재 · 상해 등 위험 발생 요인을 사전에 제거

4) 안전관리책임관 제도 운영

• 목적
- 어린이집 안전관리에 관한 총괄적 관리감독 및 사고 발생 시 효과적인 대응을 위해 안전관리책임관을 지정하며, 시설장이 안전관리책임관 역할 수행
※소방안전관리자 선임 미해당 시설의 경우 안전관리책임관을 별도로 지정하여 운영토록 함
• 안전관리책임관의 역할
- (평시) 안전관리책임관의 주요 업무
• 어린이집이 직면할 수 있는 재난, 재해에 대해 비상대응계획 수립(연 1회)

※비상계획수립 관련 상세 내용은 〈부록 7〉 어린이집 비상대피훈련 표준안내 참조
- 어린이집 비상대응 훈련 계획 수립 및 실시 총괄(월 1회)
- 어린이집의 비상연락망 수립 및 관내 안전관리 기관과의 연락체계 수립
※비상연락망은 유관기관(소방서, 병원, 의료, 경찰, 지방자치단체), 영유아 보호자, 보육교직원 연락처를 포함함
- 어린이집 내 안전관리 시설 유지관리 담당

〈어린이집 내 안전 관련 시설〉
화재감지기, 소화기, 화재 경보기와 수신기 등 화재 감지기구 점검
비상대피도 마련, 가스 밸브, 전기 차단기 점검 및 정기적인 유지 보수

- (비상상황 및 재해 발생 시) 인명과 재산 피해 최소화를 위한 대응활동 전개 및 어린이집의 비상대응계획 가동 및 운영
- (비상상황 및 재해 발생 후) 재해발생 전 상황으로 어린이집 운영이 되돌아 갈 수 있도록 복구 절차 총괄

(출처 : 2019년 보육사업안내)

어린이집 통학차 2만8,000대에 '잠자는 아이 확인 장치' 설치

통학버스 사고를 막기 위한 조치

아동이 어린이집 통학버스에 방치되는 일이 없도록 연말까지 전국 어린이집 통학차량 2만8,300대에 '잠자는 아이 확인 장치'(Sleeping Child Check)가 설치된다.

보육교사나 운전기사가 현장에서 안전 규정을 지키지 않더라도 기계 또는 정보통신기술(ICT)을 이용해 아동의 안전을 반드시 확인하기 위한 조치다.

박능후 보건복지부 장관은 2018년 7월 24일 국무회의에서 이런 내용의 '어린이집 통학차량 안전사고 및 아동학대 근절 대책'을 발표했다. 최근 경기도 동두천시와 서울 강서구 어린이집에서 영유아 사망사고가 잇따르자 문재인 대통령이 완전한 해결책을 마련하라고 지시한 데 따른 조치다.

3가지 형태의 안전장치

정부는 '벨(Bell)', 'NFC(무선통신장치)', '비컨(Beacon)'을 이용한 확인 장치 가운데 1가지를 채택할 방침이다.

벨 방식은 차량 시동을 끈 후 맨 뒷좌석의 벨을 눌러야만 경광등이 꺼지는 시스템으로 운전기사의 맨 뒷좌석 확인 의무 이행을 보장한다. 차량 1대당 설치비는 25~30만 원이며 유지비는 들지 않는다.

NFC 방식은 시동을 끈 후 스마트폰으로 차량 내외부의 NFC 단말기를 태그해야 관계자의 스마트폰 앱 경보음이 해제되는 방식이다. 동승 보호자가 스마트폰에 영유아 승하차 정보를 입력하면 학부모에게 알림이 전달된다. 설치비는 7만 원이며 유지비는 연 10만 원이다.

비컨 방식은 아동이 근거리 무선통신기기인 비컨을 책가방 등에 부착한 후 통학차량 반경 10미터에 접근하면 스캐너가 이를 감지해 학부모 스마트폰으로 탑승·하차 정보를 전달하는 방식이다. 비컨은 1개당 5,500원, 설치비는 46만 원, 유지비는 연 18만 원이다. 행정안전부는 이달 말 토론회를 개최해 3가지 방식 중 하나를 채택하고 설치비를 지원할 예정이다.

복지부는 사물인터넷(IoT)을 기반으로 어린이집 종사자와 부모가 아이의 어린이집 출입 정보를 실시간으로 공유하는 '안전 등·하원 알림 서비스'를 제공하는 방안도 추진 중이라고 밝혔다. 복지부는 아울러 영유아 안전 강화를 위해 어린이집 운영 책임자인 원장과 관리·감독 권한을 가진 지방자치단체의 책임을 강화한다.

보육시설과 교사에 대한 예방조치 강화

그간 아동학대에 국한됐던 '원스트라이크 아웃제'(1회 사고 발생시 시설 폐쇄) 적용 범위를 통학차량 사망사고 등 중대한 안전사고로 확대한다.

사고가 발생한 시설의 원장은 향후 5년간 다른 시설에 취업할 수 없도록 하고 중대한 안전사고와 아동학대 발생 시 지방자치단체가 어린이집에 불이익을 줄 수 있도록 제도를 보완하기로 했다.

보육교사에 대한 예방교육도 강화한다. 원장과 차량운전자뿐만 아니라 보육교사도 안전교육 이수 의무를 지도록 하고, 안전 및 아동학대 예방교육을 할 때는 구체적 사례를 제시해 교육 효과를 높인다.

정부는 보육교사의 열악한 근무환경이 안전·학대 사고의 원인이 된다고 보고 보육교사의 하루 8시간 근무를 보장하는 보육지원체계 개편방안을 마련하겠다고 밝혔다. 박 장관은 "최근 어린이집에서 발생한 아동 사망사고에 대해 주무부처 장관으로서 정말 죄송스러운 마음으로 애도를 표한다"며 "이번 대책을 통해 어린이집 통학차량 안전사고 및 아동학대가 다시는 발생하지 않도록 하겠다"고 말했다.

'잠자는 아이 확인 장치' 적용 가능 사례

연말까지 전국 어린이집 통학차량 2만8천300대에 '잠자는 아이 확인 장치'(Sleeping Child Check) 설치

방식	벨	NFC(무선통신장치)	비콘(근거리 무선통신기기)

기능	차량 시동을 끈 후 맨 뒷좌석의 확인벨을 눌러야 차량 내외부 경광등 울림 해제	시동을 끈 후 스마트폰으로 차량 내외부의 NFC 단말기를 태그해야 관계자의 스마트폰 앱 경보음 해제	아동이 비콘을 책가방 등에 부착·소지한 후 통학차량 반경 10m에 접근하면 스캐너가 이를 감지해 학부모 스마트폰으로 알림
장점	운전기사의 맨 뒷좌석 확인 의무 이행 보장	동승 보호자가 스마트폰에 영유아 승하차 정보 입력시 학부모에게 알림 전달	학부모 스마트폰으로 탑승·하차 정보 전달
설치비	차량 1대당 25~30만원	7만원	46만원, 비콘 1개당 5천500원
유지비	없음	연 10만원	연 18만원
적용 현황	광주교육청 시범사업 (583대)	과기부 개발 용인시 시범사업 (200대)	교육부 시범사업 (500대)

자료/보건복지부 연합뉴스

〈잠자는 아이 확인 장치 적용 사례〉

	① Bell 방식 (SCCS)	② NFC 방식 (SCCS + 학부모 알림)	③ Beacon 방식 (학부모 알림)
주요 기능	• 시동 끈 후 차량 맨 뒷자리 확인벨을 눌러야 차량 내외 경광등 울림 해제	• 시동 끈 후 스마트폰으로 차량 내외부 NFC 단말기를 태그해야 관계자 스마트폰 앱 경보음 해제 • 동승보호자가 스마트폰 영유아 승하차 정보 입력→학부모 알림	• 아동이 비컨(Beacon)을 소지한 채 통학버스 반경 10m 접근 시 스캐너 감지→학부모 스마트폰 알림
비용	• 설치비 : 25~30만원 • 유지비 : 없음	• 설치비 : 7만원 • 유지비 : 연 10만원	• 설치비 : 약 46만원 • 유지비 : 연 18만원 • 비콘 : 개당 5,500원
적용 현황	광주교육청시범 사업(583대)	과기부 개발 용인시 시범사업(200대)	교육부 시범사업(500대)

(출처 : 연합뉴스 2018.07.24.)

식품안전

식탁 위 안전을 위협하는 7가지 위험요인

1. 유전자변형식품

유전자변형생물 혹은 유전자변형식품
(GMO:Genetically Modified Organisms)은 '기존
의 생물체가 가진 유전자를 변형하여 특정
목적에 맞도록 새로운 성질을 부여한 생물
체' 및 그 생물체로 만든 '식품' 을 말한다.

유전자변형식품의 역사는 그리 오래 되지
는 않았다. 1987년 미국의 식품첨가물 회사인 몬산토(Monsanto)가 바이러
스에 강한 토마토를 재배하고 이후 다양한 기업들이 유전자 변형 옥수수
를 재배하면서 유전자변형식품은 농업계의 혁명을 불러일으켰다. 병충
해에 강하고 생명력이 질긴 새로운 농산물의 탄생으로 사람과 가축을 위
한 식량 생산량을 천문학적으로 증가시킬 수 있었기 때문이다.

우리 식탁 위를 점령한 유전자변형식품

우리나라는 아직까지 유전자변형 농산물을 생산하지는 않는다. 그 대
신 상당량의 유전자변형작물을 해외에서 대거 수입하고 있다. 이 식물은

각종 양념, 간장, 고추장, 된장 같은 장류, 그리고 요리에 필수적인 식용 유의 원료로 쓰인다.

사실상 우리나라는 쌀을 제외하고는 다른 농산품의 국내 자급률이 낮은 편이다. 따라서 식품 원료에 쓰이는 농작물은 수입에 의존하는데, 수입 농작물의 상당수가 유전자변형식품이다. 실제로 우리나라의 유전자변형식품 수입 규모는 세계적인 수준이다. 2017년 국내에 수입된 유전자변형식품은 약 960만 톤, 21억 달러 규모였다(한국바이오안전성 정보센터 자료).

그렇다면 오늘 식탁에 오른 음식의 원료가 유전자변형식품이었는지 아닌지 알 수 있을까?

실제로 다 알 수는 없다. 현재 우리나라에서 수입해 시중에 판매하고 있는 유전자변형식품은 콩, 옥수수, 카놀라, 사탕무, 알파파, 면화 등 6종으로, 대개 식용유, 당, 전분 재료로 쓰인다. 그런데 유전자나 단백질이 남아 있는 식품의 경우만 GMO를 표시하기 때문에, 정제과정을 거쳐 유전자가 남아 있지 않은 대부분의 식품은 원료가 유전자변형식품인지 아닌지 알 수 없는 것이다.

위험성이 입증되지 않아 위험하다

과학자들은 유전자변형식품에 대해 위험하다는 증거가 없다는 입장인 반면, 대다수의 여론은 유전자변형식품의 위험성을 우려하고 있다. 유전자변형식품의 대중화 역사가 20여 년밖에 되지 않아 인체에 미치는 영향력과 안정성을 아직 입증하지 못한 데다, 생태계 교란 등의 우려도 있기 때문이다.

그래서 최근 우리나라에서는 원료에 유전자변형식품이 사용되었는지 여부를 표시해야 한다는 목소리가 높아졌다. 'GMO 완전표시제'를 도입하여, 제품 제조 과정에서 유전자가 남아있지 않더라도 유전자변형식품이 원료로 쓰였다면 표시를 하자는 것이다.

실제로 유럽연합에서는 완전표시제를 시행하고 있으나, 우리나라는 수입 과정에서의 복잡한 이해관계와 물가 인상 등 여러 이유로 합의에 이르지 못한 상태이다. 따라서 앞으로 국민의 여론에 따라 완전표시제를 도입할지에 대한 관심이 높아지고 있다.

2. 방사능 오염식품

2011년 3월 11일, 일본에서 발생한 지진과 쓰나미로 후쿠시마의 원자력발전소에서 방사능이 누출되면서 일대 해양과 토양이 방사능에 오염되었다. 이후 우리나라는 일본에서 수입하는 식품에 방사능 검사를 실시하게 되었으며, 후쿠시마 인근의 수산물은 수입 금지 조치를 내렸다.

방사능 오염이 위험한 이유는 오염의 범위가 매우 광범위하기 때문이다. 방사능은 한 번 방출되면 공기, 해양, 토양을 오염시키고, 일대의 모든 농산물, 수산물, 축산물을 오염시킨다. 이 지역에서 생산한 식품 원료를 섭취하면 인체에도 방사능 물질이 축적될 수 있다.

방사능 오염식품 얼마나 위험한가?

역사상 방사능 오염으로 가장 악명 높은 사건은 체르노빌 원전 사고였다. 이 사고 이후 일대가 황폐화되었을 뿐만 아니라, 방사능에 오염된 식품을 섭취한 아동의 갑상선암 발병이 보고되었다. 또한 제2차 세계대전 당시 일본 원자폭탄 피폭 지역에서 사람과 동물의 기형과 각종 질병 발병이 잘 알려져 있다. 최근 일본에서도 후쿠시마 지역의 오염된 식품을 섭취한 사람들의 암 발병이 보고되고 있다.

단, 인체는 미량의 방사능을 체외로 배출할 수 있는 능력을 갖고 있다. 여러 종류의 방사능 물질 중 인체에 가장 해로운 물질은 요오드와 세슘인데, 요오드는 8일, 세슘은 110일이면 절반 정도가 체외로 배출된다. 또한 오염지역에서 방사능에 지속적으로 피폭되며 고농도의 방사능 오염식품을 섭취하지 않는 한, 미량의 방사능만으로 암이나 난치성 질환에 이를 위험은 낮은 편이다.

따라서 무조건적으로 두려워 하기보다는, 농산물과 수산물의 원산지를 잘 확인하고, 채소나 과일은 잘 세척하여 섭취하는 것만으로도 위험을 낮출 수 있다. 식품 표면에 묻은 미량의 방사능 물질은 껍질을 벗기고 흐르는 물에 씻는 것만으로도 제거할 수 있기 때문이다.

후쿠시마 수산물 수입 금지 유지하다

2018년 1심에서는 일본이 승소
2019년 WTO 분쟁에서 한국이 최종 승소

한국이 후쿠시마 인근 수산물 수입을 놓고 일본과 벌인 무역분쟁에서 최종 승소했다. 지난해 1심에서 패소해 전망이 밝지 않았지만 세계무역기구(WTO)가 예상을 깨고 한국의 손을 들어줬다. 이번 WTO 결정으로 일본 후쿠시마 인근 수산물에 내려진 수입 금지 조치가 유지될 전망이다.

WTO 상소기구는 2019년 4월 11일(현지시간) 스위스 제네바에서 "한국 정부의 후쿠시마현 인근 수산물 수입 금지 조치가 WTO 협정에 위배되지 않는다"는 내용을 담은 2심 분쟁 보고서를 공개했다.

한국 정부는 2011년 3월 동일본 대지진 직후 방사능 오염이 우려된다는 이유로 후쿠시마현 주변 8개 현에서 나는 50개 수산물의 수입을 금지했다. 2013년 9월에는 수입 금지 대상을 모든 수산물로 확대했다. 그러자 일본 정부는 "한국 정부의 수입 금지 조치가 일본산 수산물을 부당하게 차별하는 등 WTO 협정에 위배된다"며 한국을 WTO에 제소했다. 동일본 대지진 후 후쿠시마산 수산물 수입을 금지한 국가는 50여 개국에 달하지만 일본은 한국만 문제 삼았다.

WTO의 분쟁 해결 절차는 2심제로 분쟁해결기구 소위원회(패널)가 1심, 상소기구가 2심(최종심)이다. WTO는 지난해 2월 1심 판정에서 "한국의 조치는 일본산 식품에 대해 차별적이고, 무역 제한적이며, 투명성 측면에서 미흡했다"며 일본 측 손을 들어줬다.

이에 정부는 WTO 분쟁 해결 절차에 따라 상소했다.

상소기구의 판단은 1심과 달랐다. 상소기구는 "한국 정부가 수입 금지와 함께 추가 방사능 물질 검사를 요구한 것은 자의적 차별에 해당하지 않으며 부당한 무역 제한도 아니다"라고 판시했다. WTO 위생 및 식물위생(SPS) 협정 관련 분쟁에서 1심 결과가 뒤집힌 것은 이번이 처음이다. 상소기구는 "한국 정부가 수입 금지 조치와 관련해 일본에 충분한 정보를 제공하지 않았다"며 일부 절차적 측면에서만 일본 측 입장을 인정했다.

(출처 : 한국경제 2019.04.12.)

3. 식품 독성

곰팡이

- 음식물 곰팡이가 잘 생기는 식품은 주로 탄수화물이 많은 곡물이나 견과류다.

- 콩, 옥수수, 견과류에 생기는 곰팡이에는 아플라톡신이라는 독성이 있는데 이 독성은 가열하거나 씻어내도 없어지지 않는다.

- 떡이나 빵, 견과류에 곰팡이가 일부분만 생겼더라도 전부 버려야 한다. 눈으로 보기에는 일부만 생긴 것 같아 떼어내고 섭취하는 경우가 있는데, 해당 식품 전체가 곰팡이에 오염된 것이다.

- 빵과 떡은 개봉 후 하루 이상 보관할 경우 냉장실이 아닌 냉동실에 보

관한 후 해동하여 먹는다.

- 견과류를 개봉한 후 보관할 때는 공기와 접촉하지 않도록 밀봉한 후
  냉장 보관한다.

조개와 어패류

- 조개 자체의 독성 때문이 아니라 조개를 보관하는 과정에서 오염 여
부, 그리고 봄과 여름철에 조개가 섭취한 독성 물질이 복통과 마비를 일
으킬 수 있다.

- 봄에서 여름철, 특히 4~5월에 독성 플랑크톤을 섭취한 조개를 사람이
먹으면 위험할 수 있다. 따라서 어패류 섭취 금지령이 내릴 때는 가급적
주의하고, 보관과 조리에 유의한다.

- 섭취 금지령이 내리는 시기에 홍합, 대합 등에는 마비와 경련을 일으
키는 맹독성 물질이 들어있을 수 있다.

감자

- 감자의 푸른 싹 부분에는 솔라닌이라는 독이 들어있다.

- 솔라닌 감자가 햇빛에 노출되어 녹색으로 변할 때 싹 부분에 주로 생
  긴다.

- 솔라닌을 섭취하면 두통, 현기증, 구토, 식중독 중세를 보이고 심한
  경우 호흡 곤란을 겪을 수 있어 매우 위험하다.

- 감자를 조리할 때는 싹 부분과 푸르게 변한 부위를 깊이 도려낸다.

야생버섯

- 산에서 일반인이 버섯을 채취할 경우, 식용 가능한 버섯인지 독버섯인지 육안으로 구분하기가 어렵다. 눈으로는 식용버섯으로 보이지만 비슷한 모양의 독버섯인 경우가 많으며, 때로는 전문가도 식별하기 어려운 경우가 많다.
  - 독버섯을 섭취하면 경련, 구역, 구토, 설사를 일으킬 수 있다.
  - 독버섯을 섭취하여 이상증세가 나타나면 즉시 응급실로 간다.

은행나무 열매

- 은행나무 열매는 적정량 섭취할 경우 기관지와 뇌혈관 질환을 개선하는 효과가 있다.
- 그러나 열매에 시안배당체, 메칠피리독신 등의 독성이 있어 한꺼번에 다량을 섭취할 경우 복통, 발작을 일으킬 수 있고 심한 경우 의식을 잃을 수도 있다.
- 은행나무 열매의 적정 섭취량은 성인은 하루에 10알, 어린이는 하루에 3알 이하이다.
- 덜 익힌 열매에는 독성이 있을 수 있으므로 충분히 가열하여 섭취한다.

매실 열매

- 매실은 생으로 섭취할 수 없는 과일이다.
- 매실은 항균 효과가 있고 소화과정을 돕지만, 덜 익은 청매실의 씨앗

에는 아미그달린(청산배당체)라는 독성이 들어 있어 과다 섭취할 경우 구토와 복통을 일으키거나 생명이 위험할 수도 있다.

- 설탕 등에 절이면 독성이 분해되므로, 청이나 차, 장아찌 등으로 가공하여 섭취한다.
- 청매실보다 황매실의 독성이 적고, 청매실이라 하더라도 1년 정도 숙성시킨 매실은 독성이 거의 사라진다.

4. 조리 과정에서 생기는 유해물질

아무리 원료를 철저히 따져 식재료를 구한다 하더라도 조리 과정에서 생기는 각종 유해물질의 위험을 피하기 어렵다. 따라서 굽거나 튀기는 과정에서 생기는 유해물질을 최소화할 수 있는 조리 방법을 선택하는 것이 좋다.

벤조피렌

- 육류, 가공육(소시지, 햄), 훈제 육류, 견과류를 기름 종류(식용유, 참기름)에 가열하는 과정에서 생긴다.
- 특히 숯불구이를 할 때 많이 생기며, 검게 탄 부위에 들어 있다.
- 대표적인 발암물질이며 적혈구를 파괴한다.
- 육류를 조리할 때 가급적 타지 않게 조리하고, 탄 부위는 떼어내고 섭취한다.

헤테로사이클릭아민

- 육류와 어류를 굽거나 튀길 때 불에 그을린 부분에 생긴다.
- 대표적인 발암물질이다.
- 굽거나 튀기는 조리법보다 찌거나 삶는 조리법이 좋다.

니트로사민

- 가공육(소시지, 햄)이 공기와 닿아 산화되면서 생긴다. 특히 식품이 직접 불에 닿는 조리를 할 때 많이 발생한다.
- 강력한 발암물질이다.
- 식물성 항산화물질(채소, 과일)을 함께 섭취하면 어느 정도 억제할 수 있다.

5. 중금속과 환경호르몬

중금속

- 인체에 한번 축적된 중금속은 간장, 신장 등에 쌓이고 수십 년 동안 체외로 배출되기 어렵다.
- 대개 동식물에 축적된 중금속을 식품 형태로 섭취하게 되는데, 인

간은 먹이사슬의 최상위에 있어 가장
높은 농도의 중금속을 섭취하게 된다.

- 참치, 고래 등 대형 생선일수록 수은,
  납 등 중금속 함유량이 높다.
- 식품의약안전처에서는 참치 통조림
  을 일주일에 100g 이하로 섭취해야 중
  금속 위험을 낮출 수 있다고 권고한다.
- 어패류와 해조류에는 수은, 카드뮴 등 해양 오염물질이 쌓여 있을 수
  있다.
- 참치나 꽁치 등 생선 통조림의 경우 통조림의 주석 성분이 해로울 수
  있다.
- 제조한 지 오래된 통조림, 찌그러진 통조림, 부풀어오른 통조림은 내
  부에서 중금속(주석 등)이 녹아 나왔을 수 있으므로 먹지 않고 폐기한다.
- 한번 개봉한 통조림의 내용물이 남았을 경우, 내부 금속이 공기와 닿
  아 산패할 수 있으므로 내용물을 다른 그릇에 옮긴다.

환경호르몬

- 온장고에 뜨겁게 보관해놓은 캔커피는 내부에서 환경호르몬이 배출
  되었을 가능성이 높다.
- 음식물을 전자레인지로 가열할 때는 전자레인지 전용 용기를 사용하
  고, 일회용이나 플라스틱 용기, 비닐봉지 등을 절대 사용하지 않는다.
- 뜨거운 음식을 비닐에 담아 보관하지 않는다.

- 종이로 된 영수증에는 환경호르몬이 많이 있으므로, 영수증을 만진 후에는 반드시 손을 씻는다.

6. 식품첨가물

L-글루타민산나트륨

- 향을 좋게 하는 향미증진제로 주로 조미료에 많이 들어 있다.
- 맵거나 달고 짠 음식, 자극적이고 기름진 음식에 많이 들어 있다.
- 메스꺼움, 구역, 소화불량을 유발한다.

아질산나트륨

- 먹음직스러운 붉은색과 탱탱한 질감을 부여한다.
- 가공육(소시지, 햄, 훈제오리, 훈제연어)과 명란젓 등에 들어 있다.
- 세균을 죽여 음식을 상하지 않게 한다.
- 체내에서 니트로사민이라는 발암물질을 만든다.

트랜스지방

- 음식에 바삭한 식감을 준다.

- 튀김, 패스트푸드, 과자, 팝콘, 케이크 등을 만들 때 쓰인다.
- 식물성 지방에 수소를 첨가해 만든 것으로 실온에서 고체 형태로 존재하는 지방이다.
- 체내에 들어오면 지방조직에 축적되어 심혈관 질환의 원인이 된다.

안식향산나트륨

- 세균, 바이러스, 곰팡이균의 발생을 막고 부패를 방지하는 방부제로 쓰인다.
- 잼, 탄산음료, 마요네즈, 마가린 등에 다양하게 들어 있다.
- 가공식품을 많이 섭취할 경우 소화불량, 만성 위염, 구역과 구토를 유발할 수 있다.

타르 색소

- 과자, 음료수, 아이스크림, 껌, 사탕 등 각종 간식류 가공식품의 색깔을 보기 좋게 한다.
- 석탄 속 타르에 들어 있는 벤젠과 나프탈렌을 합성해 얻는다.
- 많이 섭취할 경우 천식, 알레르기, 간독성을 유발할 수 있다.
- 영유아용 조제식에는 어떠한 타르 색소도 사용해서는 안 된다.
- 어린이용 간식에는 타르 색소 중에서 적색2호, 102호를 사용해서는 안 된다.

7. 식중독균

장염 비브리오

- 장염 비브리오균에 오염된 어패류를 섭취했을 때 발생한다.
- 식품 섭취 후 11~15시간 경과 후 복통, 구토, 설사, 발열 등의 증상이 나타난다.
- 어패류 저장에 유의하고 반드시 가열해 먹는다.

포도상구균

- 포도상구균이 식품 내에서 독소를 발생시켜 생긴다.
- 가열해도 독소가 파괴되지 않는다.
- 식품 섭취 후 3시간 이내에 복통, 구토, 설사, 구역질 등의 증상을 일으킨다.
- 오염된 식품 접촉이나 사람 간 접촉으로 전염된다.

살모넬라

- 살모넬라균에 오염된 식품을 섭취했을 때 발생하며, 세균성 식중독의 대부분의 원인이다.
- 오염된 식품 섭취 후 12~24시간 후 복통, 구토, 설사, 오한 등의 증상

을 일으킨다.

- 특히 달걀과 우유가 살모넬라균에 약하므로 보관에 유의한다.

보툴리누스

- 식품에 보툴리누스균이 들어가 독소를 생성하여 발생한다.
- 식중독 중에 가장 독성이 강하고 치사율이 높다.
- 식품 섭취 후 위에 흡수되고 나면 하루 이내에 뇌조직까지 손상시킨다.
- 보툴리누스균에 감염되면 호흡 곤란과 언어 곤란, 시야 장애 등의 증상을 일으킨다.
- 섭씨 100도에서 15분간 가열하면 파괴되는 균이므로 가열 조리를 통해 예방할 수 있다.

식중독 예방 기본 수칙

- 음식을 먹기 전에는 반드시 손을 씻는다.
- 해산물, 육류 등은 가열하여 먹는다.
- 육류, 채소, 어패류 별로 도마를 구분하여 사용하며, 도마, 칼, 행주는 매일 소독한다.
- 냉장보관 식품에도 세균이 번식할 수 있으므로 보관에 유의하고 사용 기간이 지난 식품은 폐기한다.
- 식중독 증상이 나타나면 즉시 병원 치료를 받고, 설사와 구토로 탈수 위험이 높으므로 따뜻한 물을 많이 마신다.

사이버 금융 관련사고 대처법

1. 금융 관련 긴급 상황 발생시 행동 요령

인터넷과 스마트폰에 의한 각종 금융 사고가 기승을 부리면서 그 수법도 날로 교묘해지고 있다. 이제 금융 관련 사고는 세상 물정 모르는 시골 어르신만 피해를 보던 시대를 지나, 고학력 전문직 종사자들도 깜빡 속아 넘어갈 정도로 날로 피해가 확대되고 있다.

이에 금융감독원에서는 금융 관련 긴급상황이 발생했을 때 피해자가 취해야 할 기본적인 조치에 대해 안내했다. 금융감독원의 금융소비자보호처 홈페이지에 접속해 다음과 같은 메뉴로 들어가면 유용하게 알아둘 정보를 담은 포켓북을 누구나 다운받을 수 있다.

이 책에는 그중에서 가장 빈번하게 발생하는 금융 관련 긴급상황을 발췌하여 수록했다.

금융소비자보호처 홈페이지(consumer.fss.or.kr)

→ 금융생활 길라잡이

→ 금융생활 안내

→ 유용한 정보

→ 긴급상황 발생시 행동 요령 포켓북 다운로드

신용카드(체크카드) 분실 및 위 · 변조

◉ 카드 분실시 카드회사 고객센터에 전화하여 분실 신고(고객센터 전화번호 : 붙임2 참조)

- 분실신고 접수일로부터 60일 전 · 후에 발생한 부정 사용액에 대해서는 납부 의무가 없으므로 이미 결제되었다면 카드사에 보상을 요구(예:2017. 3. 26. 분실신고시 1. 27.매출 발생분부터 보상)

- 카드에 서명을 하지 않았거나 비밀번호를 남에게 알려준 경우 또는 카드를 남에게 빌려준 경우 등 카드 주인의 특별한 잘못이 있는 경우에는 보상해 주지 않으므로 유의할 필요

◉ 비밀번호가 필요한 거래(현금 인출, 카드론, 전자상거래 등)의 경우 분실 신고전 발생한 제3자의 부정 사용액에 대해서는 카드사가 책임지지 않음(저항할 수 없는 폭력이나 생명의 위협으로 비밀번호를 누설한 경우 등 카드회원의 고의 또는 과실이 없는 경우를 제외)

◉ 신용카드 등의 위변조, 해킹, 전산 장애, 내부자 정보 유출로 인한 피해는 카드회사가 책임짐

개인정보 유출

◉ **개인정보 노출 의심 신고**

- 개인정보 노출이 의심되는 경우 한국인터넷진흥원 개인정보침해신고센터(국번없이 ☎118, eprivacy.or.kr) 또는 주민등록번호클린센터(clean.kisa.or.kr)를 통해 신고 및 확인

⊙ **개인정보 노출자 사고예방 시스템 적극 활용**

- 개인정보 노출시 은행 영업점이나 금감원 민원센터를 방문 '개인정보 노출자 사고예방 시스템'에 등록하여 추가 피해를 예방

- 동 시스템에 등록하면 금융회사에 전파되어 금융거래 발생시 금융회사가 본인 확인에 유의하게 됨

⊙ **개인정보 불법유통 사실 발견시 적극 신고**

- 신고내용을 평가하여 최고 1천만 원의 포상금을 지급 ☎ 1332 → 3번(불법사금융 및 개인정보) 금감원홈 페이지(www.fss.or.kr) → 민원·신고 → 금융범죄/비리/기타신고 → '개인정보 불법유통 신고센터' 로 신고

⊙ **개인정보유출피해 손해배상 분쟁조정 신청**

- 개인정보분쟁조정위원회(☎02-405-5150, kopico.go.kr)에 개인정보 유출피해에 대한 손해배상, 침해행위 중지 등에 대한 분쟁조정을 신청하거나 민사소송 제기가능(전자금융 거래 등에 따른 2차 피해 구제는 **금감원**(www.fss.or.kr, ☎1332)에 신청)

보이스피싱, 파밍 등 전자 금융사기

⊙ 보이스피싱 등 금융사기가 의심되면 즉시 **경찰청**(☎112), **금감원**(☎1332) 또는 금융회사 콜센터에 신고하여 지급정지 신청

⊙ 경찰서를 방문하여 피해신고확인서(사건 · 사고 사실 확인서) 작성 · 수령

⊙ 이미 돈을 빼갔다면 지급정지 신청 후 3일 이내에 송금계좌의 금융회사 영업점을 방문하여 '피해구제 신청서'를 작성 · 제출

- 피해자의 신청으로 지급이 정지된 사기범의 계좌에 남아 있는 금액의 범위 내에서 금융감독원과

금융회사가 협력하여 피해자에게 피해금액을 환급(3개월 정도 소요)

⊙ 보안카드 번호, 계좌 비밀번호, 공인인증서 비밀번호 등을 알려준 경우 즉시 해당 금융회사에 신고하여 해지 및 폐기

다른 사람의 계좌에 잘못 송금

⊙ **본인 거래은행에 잘못 송금한 사실을 알림**
 - 우선 전화로 잘못 송금한 사실을 알리고 거래은행 영업점을 방문하여 '착오입금반환의뢰서' 를 작성
- 은행은 송금인의 요청에 따라 수취인에게 연락하여 잘못 입금된 돈을 송금인에게 돌려주도록 요청
- 은행은 송금인에게 수취인의 개인정보(연락처 등)를 알려줄 수 없음
- 수취인 은행이 타 은행인 경우 송금인의 거래은행이 수취인 은행을 통해 수취인에게 연락을 취하여 줌

⊙ 만일 수취인과 연락이 되지 않거나 반환을 거부한다면 개인적으로 '부당이득반환소송' 등 법적 조치를 취하여 반환받을 수 있음
- 부당이득 반환의 상대방은 '수취인' 이기 때문에 거래은행이나 수취은행을 상대로 소송을 제기하지 않도록 주의

예금통장 등 분실

⊙ **예금통장, 도장, 보안카드, 현금카드 등 분실**
- 예금통장, 도장, 보안카드, 현금카드 등을 분실(도난)했을 경우 즉시 전화로 금융회사에 신고하고 금융회사의 안내에 따름
- 신고 받은 직원의 이름, 신고시간 등을 기록해 둠

- 현금카드를 분실(도난)했을 경우, 비밀번호뿐만 아니라 예금계좌도 변경해야 안전

◉ **휴대폰(스마트폰) 분실**
- 휴대폰에 공인인증서가 저장된 경우 공인인증서를 재발급 받음
- 모바일 신용카드가 발급되어 있는 경우 즉시 카드회사에 연락하여 사용중지를 요청
- 한국정보통신진흥협회가 운영하는 핸드폰 찾기 콜센터(www.handphone.or.kr, ☎ 02-3471-3655)에 분실신고 및 확인(경찰 및 철도 분실물센터 등에 분실휴대폰이 접수되었는지 확인가능)
- 휴대폰 분실에 대비하여 비밀번호를 설정하고 위치추적 애플리케이션을 다운받아 설치

대출사기

◉ **대출시에 돈을 먼저 보내라고 하면 100% 대출사기**
- 최근에는 대출서류까지 작성하여 안심시켜 놓고 보증보험료 명목으로 돈을 입금하라고 하는 사기도 발생하므로 각별한 주의가 필요
- 대출중개수수료를 요구하거나 받는 것도 불법임
- 유명업체를 사칭할 경우, 해당 금융회사의 대표전화 번호로 직접 전화를 걸어 확인
- 대출모집인일 경우 정식등록 여부를 '대출모집인 통합조회시스템'(www.loanconsultant.or.kr, ☎ 02-3705-5000)에서 확인

◉ **대출사기 발생시 및 대출수수료 요구시 경찰서 또는 금감원(☎1332→3번)에 신고**
- 금감원 홈페이지(www.fss.or.kr) 민원·신고 → 금융범죄/비리/기타신고 → '불법사금융·개인정보불법유통' 및 '불법대출 중개수수료 피해신고' 코너를 통해서도 신고가능

◉ **대출사기 2차 피해 사전예방**
- '개인정보 노출자 사고예방 시스템' 등록(금감원 민원센터 또는 은행 영업점 직접 방문)
- 휴대폰 명의 도용 방지 : www.msafer.or.kr(☎ 02-580-0514)에서 가입 및 확인

- 주민번호 이용내역 : eprivacy.or.kr(☎ 118)에서 확인

불법 대출 여부

⊙ **대출시 대출업체가 등록대부업체인지 여부를 확인**[금감원(☎1332) 및 지자체 대부업 담당자에게 문의]

* 등록대부업체 조회는 **서민금융1332**(www.fss.or.kr/s1332)에서도 가능

- 등록대부업체의 경우 이자율 위반의 대부계약을 체결할 확률이 낮은 편이므로 등록된 대부업체를 반드시 확인하고 거래

⊙ **고금리 입증을 위해 계약서, 변제내역을 보관**

- 법정최고이자율 위반으로 경찰에 신고하거나 채무부존재 확인소송을 낼 때 서면으로 작성한 계약서와 변제사실을 증명하는 영수증이나 계좌이체내역을 보관하는 것이 좋음

⊙ **불법고금리 여부 확인은 금융감독원 서민금융1332**(www.fss.or.kr/s1332)**에서 조회**

- 대출이자율이 법정최고이자율(연 24%)을 초과하는지 여부는 금융감독원 서민금융1332의 이자계산기에서 확인 가능.

신분증 분실

⊙ **가까운 은행 영업점을 방문하여 '개인정보 노출자 사고예방 시스템' 에 등록**

- 사고예방 시스템에 등록하면, 신청인의 개인정보를 금융회사에 전파하여 신청인 명의의 금융거래시 금융회사로 하여금 본인 확인에 유의토록 하여 2차 피해를 예방
- 다만, 등록을 해제할 때까지 ATM이나 인터넷뱅킹 이용이 안 되고, 영업점에 방문해야만 금융거래가 가능하며, 신규카드 발급 등에 제한이 있을 수 있음
- 은행 영업점 한 군데서만 신청을 하여도 전산망을 통해 다른 은행, 저축은행, 보험

사, 증권사 등 대부분의 금융권으로 전파(해지할 때도 동일)

⊙ **신분증 분실신고를 통해 유해 사이트 가입 등 명의가 도용되는 것을 예방**

- 주민등록증: 정부민원포털 민원24(www.minwon.go.kr)(문의전화 ☎1588-2188)
- 운전면허증: 안전운전 통합민원(www.safedriving.or.kr)(문의전화 ☎1577-1120)

대포통장, 대포폰, 대포차량 관련 대응 요령

⊙ **대포통장 매매시 금융회사 및 경찰에 신고**

- 대출이나 취업 등을 이유로 통장(카드)의 양도를 요구하는 행위는 사기이므로 일절 응대하면 안됨
- 통장(카드)을 양도 또는 매매하는 경우 통장명의자는 형사처벌을 받으며, 향후 1년간 입출금이 자유로운 예금계좌 개설에 제한받음
- 통장(카드)을 양도 또는 매매한 경우에는 금융회사에 즉시 거래(지급)정지 및 해지 요청하고 경찰에 신고

⊙ **대포폰 개설여부 조회**

- 대포폰은 명의자 모르게 범죄에 이용될 수 있으므로 한국정보통신진흥협회 '명의도용방지사이트' (www.msafer.or.kr)에서 대포폰 개설 여부를 조회(명의도용 사전차단 서비스도 제공)

⊙ **대포차량의 실소유주는 지자체에 신고**

- 합법적인 명의이전 절차를 거치지 않은 대포차량이 각종 불법행위를 저지를 경우 실소유주는 내지 않아도 될 과태료와 범칙금을 내야하는 피해를 입게 되므로 대포차량의 실소유주는 지자체(교통행정과)에 신고하여야 함

2. 여성 혼자 법적 소송 진행하는 요령

1) 변호사 선임하지 않고 소송하기

다음과 같은 사이트에 들어가면 일반인도 누구나 변호사 없이 법적 소송을 진행할 수 있도록 필요한 절차와 서식을 제공하고 있다.

한국가정법률상담소 http://lawhome.or.kr

경제적으로 어렵거나 법적 지식을 잘 모르는 사람들에게 양질의 법률 서비스를 제공한다. 국내에 27개, 미국 내 6개 지역에 지부가 있어 방문 상담을 이용하기 편리하다. 각종 민형사 소송부터 직장인과 다문화가정을 위한 야간상담, 영어상담 등 다양한 상담 창구가 개설되어 있다.

면접 상담
상담 안내전화: 1644-7077
외국인을 위한 영어상담(Counseling in English for Foreigner): 1644-7077
서울가정법원 출장상담

인터넷 상담
사이버 상담실 http://lawhome.or.kr
다음(Daum) 미즈넷 상담 http://miznet.daum.net

대한법률구조공단 혼자하는 소송 법률지원센터
https://support.klac.or.kr/

나홀로 소송을 하거나 법률 문제를 해결하고자 하는 국민에게 법률서식·법률상담 사례 등 다양한 법률 정보를 제공하고, 간단한 법률서식을 직접 작성할 수 있도록 지원한다. 복잡하고 어려운 사건 또는 금액이 큰 사건들은 공단 사무실을 방문하여 상담할 수 있다.

〈방문 상담〉
홈페이지를 통해 방문 상담 예약한 후 방문한다.

대법원 나홀로 소송 pro-se.scourt.go.kr

법적 지식을 잘 알지 못하는 일반인도 변호사 없이 혼자 민사소송 절차를 진행할 수 있도록 각각의 절차를 자세하게 설명해놓고 서식 작성을 지원한다. 소송 준비과정부터 판결 후의 과정까지 이해할 수 있으며 소송에 대한 시뮬레이션도 해볼 수 있다.

대한민국 법원 전자소송 https://ecfs.scourt.go.kr

'전자소송'은 법원이 운영하는 전자소송시스템을 이용하여 소를 제기하고 소송절차를 진행하는 재판방식을 뜻한다. 대한민국 법원은 2010년

4월 26일 특허법원에 제기되는 사건을 대상으로 한 특허전자소송서비스를 시작으로, 2011년 5월 2일 민사전자소송을 실시하고, 형사사건을 제외한 모든 사건에서 전자소송을 단계적으로 도입했다. 전자소송은 비용과 절차 면에서 편리하다는 장점이 있다. 가사, 특허, 행정 등 민사소송 관련 사건을 열람할 수 있고 서류를 제출할 수 있다.

형사사법포털 www.kics.go.kr

형사사법 정보를 인터넷으로 빠르고 정확하게 알아볼 수 있다. 형사사건에 대한 진행 상황, 벌금을 조회할 수 있고, 피해자의 경우 지원받을 수 있는 제도와 기관을 확인할 수 있다.

- 사건 조회: 경찰, 검찰, 법원의 사건 진행 상황에 대한 조회 및 조회한 사건 등록 기능
- 벌과금 조회: 미납벌과금/벌과금 납부내역 등에 대한 조회
- 통지서 조회: 검찰 통지서에 대한 조회
- 범죄피해자 지원: 범죄피해자 지원제도 소개 및 범죄피해자 지원기관 정보 조회
- 민원신청: 검찰 민원 10종에 대한 민원신청

2) 변호사 선임해서 소송하기

법적인 전문지식이 부족한 일반 여성이 변호사를 선임하여 소송을 처

음 진행해야 할 경우 어떤 변호사를 어떻게 선임해야 하는지, 주의점은 무엇인지 몰라서 막막할 수 있다. 변호사를 선임하여 소송을 진행할 경우 다음과 같은 주의사항을 알아두면 좋다.

① 유명세보다 전문분야 여부 따지기

얼마나 유명한 변호사인지보다 중요한 것은 그 변호사가 내가 맡기려는 분야에 대해 경험이 많고 잘 알고 있는지이다. 따라서 그동안 어떤 분야를 다뤘는지, 얼마나 잘 알고 있는지, 내가 제공하는 이야기나 자료를 얼마나 꼼꼼하고 성실하게 검토하는지를 알아보아야 한다. 이를 비교하기 위해 적어도 서너 곳 이상을 다녀보는 것을 권장한다. 또한 선임 계약을 하기 전 사무장만 대신 만나지 말고 변호사를 직접 만나보아야 한다.

② 선임료 제대로 알기

변호사에게 사건을 맡기며 지불하는 비용을 선임료라고 하며 다음과 같이 구성된다.

선임료 = 착수금 + 성공보수

착수금은 간단한 사건의 경우 300만 원대에서 1,000만 원이 넘는 경우까지 다양하다.

피고일 경우 방어에 성공했을 때, 원고의 경우 승소했을 때의 금액에 대한 비율을 성공보수라고 한다. 비율은 승소 금액의 3~10%로 다양하다. 따라서 계약을 체결하기 전 성공보수의 비율이 몇 %인지도 따져보아야 한다. 승소 가능성이 높은 소송일수록 성공보수의 비율을 더 높이기도 한다.

착수금과 성공보수를 합한 선임료는 그 변호사의 경력, 사무실의 위치, 승소율 등에 따라 천차만별이다. 따라서 자신에게 맞는 적절한 변호사를 찾고 선임료를 비교해보는 것이 좋다.

③ 풍부하고 정확한 자료 제공

아무리 승소율이 높고 해당 분야 전문성이 높은 변호사라 하더라도, 의뢰인이 얼마나 풍부하고 정확한 정보를 제공하느냐에 따라 판결 결과는 달라질 수 있다. 변호사를 만나기 전에 사건을 육하원칙에 따라 시간순으로 정리하여 문서화해놓고 증거들의 배경과 맥락도 충분히 제공하는 것이 좋다. 준비한 자료를 바탕으로 변호사와 상담하여 승소 가능성과 부족한 점들을 미리 준비해놓아야 한다.

④ 서면과 판결문 확인하기

서면은 법정 진술 내용을 재판 이틀 전까지 제출하는 서류를 뜻하고, 판결문은 판결 선고일에 판결 결과를 적은 문서를 뜻한다. 변호사가 서면을 제출하기 전에 내용을 다시 한 번 확인하여 잘못되거나 누락된 내용이 있는지 여부를 확인하고, 판결이 선고된 후에는 변호사를 통해 판결문을 받아보아야 한다. 패소한 경우 이를 토대로 항소 여부를 결정하고 항소 기간 내에 항소장을 제출한다.

참고 자료 및 도서

1장 재난안전관리본부 기구도 - 행정안전부

해외안전여행 대처매뉴얼 - 외교부

2장 성폭력이 발생했을 때 - 한국여성인권진흥원

가정폭력이 발생했을 때 - 한국여성인권진흥원

가정폭력 피해자 지원제도 - 한국여성인권진흥원

디지털 성범죄 - 여성가족부

어떤 것이 디지털 성범죄인가? - 한국여성인권진흥원

'리벤지 포르노' 란? - 네이버 지식백과, 시사상식사전

디지털 성범죄에 대한 Q&A - 한국여성인권진흥원

데이트 폭력이란? - 한국여성의전화, 데이트폭력 대응을 위한 안내서

디지털 성범죄가 발생했을 때 - 여성가족부, 한국여성인권진흥원

데이트 폭력과 스토킹이 발생했을 때 - 한국여성의전화, 데이트폭력 대응을 위한 안내서

디지털 성범죄 피해자 지원센터 바로알기 - 여성일보 2019.01.18.

3장 우리나라 여성이 남성보다 많이 걸리는 질병은? - 건강보험심사평가원

5장 예방접종의 종류 - 질병관리본부

6장 가정의 유해화학물질과 예방수칙 - 〈여성들의 유해물질 없는 만점환경 만들기〉(환경부), 〈생활 속 유해물질 가이드〉(환경정의)

우리 아이 액체괴물 괜찮나요? - 중앙일보 2019.01.26.

7장 아동학대 방지 필수상식 - 2019년 보육사업안내

어린이집 아동학대 체크리스트 - 국민일보 2019.04.07 〈어린이집 아동학대 조기발견을 위한 부모 안내서〉(보건복지부, 중앙아동보호전문기관)

부모가 반드시 알아두어야 할 어린이집 안전관리 상식 - 2019년 보육사업안내

어린이집 통학차 2만8천 대에 '잠자는 아이 확인 장치' 설치 - 연합뉴스 2018.07.24.

8장 후쿠시마 수산물 수입금지 유지하다 - 한국경제 2019.04.12.

생존매뉴얼 365 / 김학영 · 지영환 지음 / 모아북스

최악의 상황에서 살아남는 법 / 조슈아 피븐 외 지음 / 문학세계사

험한 세상에서 살아가는 그대에게 / 이찬숙 · 송지혜 지음 / 페이퍼타이거

병원에 안 가봐도 괜찮을까? / 이케타니 도시로 지음 / 아우름

옆집아이 성적의 비밀, 건강에 있다 / 황대연 · 정동완 · 문주호 · 황호연 지음 / 서울문화사

꺼꾸리의 어린이 안전 백과 / 정주일 외 9명 지음 / 책고래

골든타임 1초의 기적 / 박승균 지음 / 중앙생활사

생활의 모든 기술 190 / 닉 콜프턴 외 지음 / 이름북

가족의 몸을 살리는 바이러스 예방습관 / 프레데릭 살드만 · 프랑수아 브리케르 지음 / 애플북스

Goodbye Chemicals / (사)시민생활환경회의 20년, 환경운동가들의 공저 / Sol

가습기살균제 리포트 / 이규연 외 공저 / 중앙books

대한민국 병원 사용 설명서 / 강주성 지음 / 프레시안북

어린이집 안전사고 119 / 김옥심 지음 / 멘토르

내 아이를 해치는 위험한 세제 / 김나나 지음 / 미디어월

바이러스의 습격 / 최강석 지음 / 살림

골든타임 / 노환규 지음 / 한겨레출판

재난시대 생존법 / 우승엽 지음 / 들녘

어린이 교통안전 / 설재훈 지음 / 예원북

최열 선생님의 미세먼지 이야기 / 최영 글 서용남 그림 / 다산어린이

하늘아! 미세먼지 어떡해? / 진성림 지음 / 지식과 감정

"0.1초의 선택이 모든 것을 예방합니다."

여성이 행복을 누리고 안전할 수 있도록
"찾아가는 사고예방 안전교육"을 운영합니다.
각계 전문가들이 직접 학교나 직장 등 현장을 방문하여
여성과 임직원을 대상으로 "안전 강의"를 해드리고 있습니다.
직원 연수에 초청하시면 안전교육 전문가들의 재미있고
알찬 강의를 들으실 수 있습니다.

교육 내용

-교육 대상 : 여성, 학부모, 사업체 및 여성 안전교육이 필요한 국민 누구나
-교육 일정 : 교육 신청자와 협의 후 맞춤형 진행
-교육 내용 및 시간 : 2~3시간, 1박 2일

1) 여성안전 교육의 이해
2) 사고 대처 요령
3) 위험 요인과 발견
4) 행동 요령
5) 여성안전의 올바른 이용과 이용 지도

교육 신청 및 문의

www.한국안전교육원.com
e-mail : joonjba@hanmail.net

긴급상황 발생 시 내 몸을 지키는
여성 안전 매뉴얼 365

초판 1쇄 인쇄 2019년 07월 03일
1쇄 발행 2019년 07월 15일

지은이 권승연 · 조은원
발행인 이용길
발행처 모아북스
MOABOOKS

관리 양성인
디자인 이룸

출판등록번호 제 10-1857호
등록일자 1999. 11. 15
등록된 곳 경기도 고양시 일산 동구 호수로(백석동) 358-25 동문타워 2차 519호
대표 전화 0505-627-9784
팩스 031-902-5236
홈페이지 www.moabooks.com
이메일 moabooks@hanmail.net
ISBN 979-11-5849-106-2   13690

이 도서의 국립중앙도서관 출판예정도서목록(CIP)은 서지정보유통지원시스템 홈페이지(http://seoji.nl.go.kr)와 국가자료종합목록구축시스템(http://kolis-net.nl.go.kr)에서 이용하실 수 있습니다. (CIP제어번호 : CIP2019025066)

모아북스 MOABOOKS 는 독자 여러분의 다양한 원고를 기다리고 있습니다.
(보내실 곳 : moabooks@hanmail.net)